Pädagogische Praxisimpulse

Band **12**

Corona und die Gesundheit der Lehrenden:

Gesundheitsförderung an Berufsfachschulen für Pflege

Jessica Reicherl

Reihe: Pädagogische Praxisimpulse

Herausgeber: Prof. Thomas Prescher

Bibliografische Information der Deutschen Nationalbibliothek: Die Deutsche Nationalbibliothek verzeichnet diese
Publikation in der Deutschen Nationalbibliografie; detaillierte
bibliografische Daten sind im Internet über dnb.dnb.de ab-
rufbar.

Herstellung und Verlag: BoD – Books on Demand, Nor-
derstedt
ISBN 9 – 783756 - 819874

Inhaltsverzeichnis

Abbildungsverzeichnis

Tabellenverzeichnis

Abkürzungsverzeichnis

ArbSchG	Arbeitsschutzgesetz
BAuA:	Bundesanstalt für Arbeitsschutz und Arbeitsmedizin
BFS:	Berufsfachschule
BGF:	Gesundheitsförderung in Betrieben
BGM:	Betriebliches Gesundheitsmanagement
CASEL:	Die Collaborative for Academic, Social, and Emotional Learning
LP:	Lehrende, Lehrperson/en, Lehrkraft/Lehrkräfte, Lehrer*in/nen
MOM:	Achtsamkeitsorientierte Meditation
NCoC:	National Center of Competence
PflAPrV:	Ausbildungs- und Prüfungsverordnung für die Pflegeberufe
PflBG:	Pflegeberufegesetz
RKI:	Robert-Koch-Institut
SARS-CoV-2:	severe acute respiratory syndrome coronavirus type 2
SEL:	Soziales und emotionales Lernen
SGB:	Sozialgesetzbuch
SuS:	Schülerinnen und Schüler, Lernende

1 Einleitung und Hintergrund

„Schule kann zu einem Ort werden, der gute Gesundheit lehrt, eben Gesundheitskompetenzen bildet, die sich bei Lehrerinnen und Lehrern und Schülerinnen und Schülern lebens-lang verankern. Gesund Leben und gesundheitsgerechte Verhältnisse gestalten zu können, sind Bildungsaufgaben für Schulen, die auf das Leben vorbereiten wollen." (Küng, 2020, S. 25)

Die vorliegende Arbeit befasst sich mit einer in der Bildungsforschung aktuellen und zunehmend wichtiger werdenden Thematik: Die Corona-Pandemie hält die Welt seit ihrem Aufkommen im Dezember 2019 in Atem (Radtke, 20.12.2021). Laut dem wöchentlichen Lagebericht des Robert-Koch-Instituts (RKI) befindet sich Deutschland bereits in der vierten Welle (16.12.2021, S. 5). Weiterführend wird eine fünfte Welle, ausgelöst durch die Omikron-Variante des SARS-Cov-2-Virus (severe acute respiratory syndrome coronavirus type 2) erwartet (16.12.2021, S. 3). Obwohl die pandemische Lage alle Lebensbereiche der Gesellschaft beeinflusst, scheint die vierte Welle, aufgrund der bisherigen Impfstrategie, besonders auch junge Menschen zu betreffen (RKI, 09.09.2021, S.3). Die Anzahl der

Schulausbrüche steigt seit Mitte Oktober bis Mitte November 2021 stark an und übertrifft das bisherige Höchstniveau der bisherigen Wellen (RKI, 16.12.2021, S. 9). In den Kalenderwochen 46 bis 49 im Jahr 2021 wurden insgesamt 1728 Ausbrüche registriert (RKI, 16.12.2021, S. 9). Die Altersgruppe der 15 – 20-Jährigen und die der über 21 Jährigen sind wohl weniger betroffen als die jüngeren Schülerinnen und Schüler (SuS) (RKI, 16.12.2021, S. 9), dennoch lässt sich der weitere Verlauf der Infektionen und Schulausbrüche aufgrund der neuartigen Omikron-Variante, die vor allem Kinder und auch junge Erwachsene betreffen soll, bisher noch nicht voraussagen (NDR, 06.12.2021). Daraus lässt sich schließen, dass die Schulen und die dazugehörigen Lehrenden (LP) sich wohl erneut auf wechselnde Bedingungen des Schulalltages in Bezug auf die pandemische Situation, z.B. Änderungen der hygienischen Auflagen oder ggf. erneute Schulschließungen, einstellen müssen (Kuhn, 21.12.2021). Die Bundesanstalt für Arbeitsschutz und Arbeitsmedizin (BAuA) fand durch eine Onlinebefragung im März 2021 von über 30.000 LP heraus, dass sich das schulische Setting deutlich verändert und die damit verbundenen Herausforderungen zugenommen haben (Köstner, Beutel, Eggert, Dicks, Zähme, Kalo, Letzel & Dietz, S. 1). In den folgenden schriftlichen Ausführungen soll besonders auf die Situation von LP an Berufsfachschulen (BFS) für Pflege eingegangen werden.

Der vorliegende Beitrag hat somit sowohl eine gegenwärtige, als auch zukünftige Bedeutung: Die Pandemie zwang die bisher bekannten Organisationsstrukturen und Abläufe von Schulen und Unterricht zu Veränderungen. Die von der Bundesregierung angeordneten hygienischen Maßnahmen zur Eindämmung der Pandemie wie z.B. die Schulschließungen, die Home-Office-Pflicht und der daraus entstehende Distanzunterricht führten dazu, dass sich die LP auf eine neue Art des Lehrens und Lernens einstellen mussten. Den aktuellen Entwicklungen der Pandemie zur Folge, ist es wahrscheinlich, dass die Omikron-Variante des Virus zu einer weiter ansteigenden Infektions- und Krankheitswelle führt, die ggf. erneut mit Einschränkungen des Schulalltages einhergehen wird. Somit ist es nicht nur wichtig die Thematik rückblickend aufzuarbeiten, es ist auch hinsichtlich der drohenden zukünftigen Situation entscheidend, die notwendigen Lehren aus den Erfahrungen der LP zu ziehen, um auch für zukünftige ähnliche Situationen gewappnet zu sein. Besonders die Gesundheit der LP soll in den Fokus gestellt werden, um negative Folgen für die LP selbst, ihre SuS und des gesamten Bildungssystems abzuwenden oder abzumildern (siehe Gliederungspunkt 4.3).

Zu Beginn der Arbeit wird die Fragestellung, Zielsetzung und das methodische Vorgehen erläutert. Anschließend erfolgt eine beschreibende Zusammenfassung der aktuellen pandemischen Lage und ihrer Auswirkungen auf die Gesellschaft und auf die LP. Nachfolgend wird das Setting und die Besonderheiten einer BFS für Pflege genauer betrachtet, um die Auswirkungen der Pandemie auf diese spezielle Arbeitswelt besser nachvollziehen zu können. Weiterführend wird der gesundheitliche Einfluss von berufstypischen Belastungen und Stressoren für die LP erläutert. Um letztendlich die Gesundheit der LP im Praxisalltag, während der Pandemie, positiv beeinflussen zu können, wird systematisch nach gesundheitsförderlichen Interventionsansätzen gesucht. Abschließend findet eine zusammenfassende visualisierte Darstellung der recherchierten Ergebnisse statt, sodass diese als krankheitspräventive und gesundheitsförderliche Lösungsimpulse für den Berufsalltag der LP an BFS für Pflege dienen können. Die Zielgruppe dieses Forschungsvorhabens sind LP, vor allem an BFS für Pflege, aber auch deren Schulleitungen und alle weiteren Personen, die Einfluss auf die Gestaltung der schulischen Arbeitsbedingungen haben. Wünschenswert wäre außerdem, wenn sie durch ihre Erkenntnisse und neuen Fragestellungen als Anreiz für weitere Forschungen im Bildungssektor dienen würde.

2 Fragestellung und Zielsetzung

Das Ziel der Arbeit ist die im Gliederungspunkt *1 Einleitung und Hintergrund* beschriebene Problemstellung zu bearbeiten und Lösungen bzw. neue Ansätze für die Praxis zu finden, bzw. Forschungslücken aufzudecken und neue Fragestellungen für zukünftige Forschungen zu entwickeln. Diese Arbeit beschäftigt sich mit dem Einfluss der Corona-Pandemie auf die Gesundheit von LP, vor allem an BFS für Pflege und ihren möglichen gesundheitsfördernden Interventionsansätzen.

Daraus ergibt sich folgende Forschungsfrage:

Welche Interventionsansätze könnten zu einer Gesundheitsförderung der Lehrenden an einer Berufsfachschule für Pflege während der Corona-Pandemie beitragen?

3 Methodik

Im nachfolgenden Kapitel wird der methodische Verlauf erklärt und die verwendeten Recherchequellen aufgeführt. In den Anhängen der Ausarbeitung werden ausführliche Tabellen und Rechercheverläufe dargestellt. Dies dient der Nachvollziehbarkeit und Rekonstruierbarkeit und letztendlich der Transparenz des methodischen Vorgehens.

Um die eigentliche Forschungsfrage beantworten zu können, erscheint es schlüssig, zunächst den Einfluss der

12

Corona-Pandemie auf die Gesundheit von LP zu erläutern. Dies geschieht mittels einer kritischen Literaturübersicht und deren deskriptiver Zusammenfassung im Gliederungspunkt 4.3. Zur Beantwortung der Forschungsfrage erfolgt die Literaturgewinnung im Sinne einer systematischen Literaturrecherche, um alle relevanten und aktuellen Inhalte zur Forschungsthematik zu finden. Die Forschungsfrage wurde mithilfe des PICO-Schemas (Anhang A) gegliedert. Anhand des PICO-Schemas der Fragestellung wurde eine Tabelle mit Schlüsselbegriffen und deren Synonyme für die Recherche entwickelt (Anhang B). Die Schlüsselbegriffe von den Bereichen I und O des PICO-Schemas werden zur Erhöhung der Treffquote zusammengefasst. Die Keywords aus den Spalten P, C und O werden für die Suche verwendet. Die dick gedruckten Wörter erzeugten die besten Trefferergebnisse bei der Recherche. Im weiteren Verlauf wurden hauptsächlich diese zur weiteren Suche verwendet. Da nach Literatur in deutscher und in englischer Sprache gesucht wurde, sind in der Tabelle sowohl deutsche, als auch englische Suchbegriffe aufgeführt. Ebenfalls in tabellarischer Form wurden die Ein- und Ausschlusskriterien mit Begründungen für die systematische Recherche festgehalten (Anhang C). Diese Kriterien erfüllten unterschiedliche Zwecke. Beispielsweise sollten der gewählte untersuchte Gegenstand/Population und der Zeitraum dafür sorgen, dass tatsächlich nur für die Fragestellung relevante Inhalte

13

erkannt werden. Die Begrenzung auf deutsche und englische Literatur sollte Übersetzungsfehler oder Fehlinterpretationen reduzieren oder vermeiden. Die Zugänglichkeit wurde auf frei verfügbare Volltexte beschränkt, sodass die begrenzten zeitlichen Ressourcen zur Bearbeitung des Forschungsvorhabens ausreichen und dabei gleichzeitig kein finanzieller Aufwand entsteht.

Die systematische Erhebung wurde vom 16.09.21 bis 16.12.2021 mit Unterbrechungen durchgeführt. Die genauen Abrufdaten sind den jeweiligen einzelnen Suchanfragen im Anhang D - G zu entnehmen. Recherchequellen waren zum einen die Datenbanken Fachportal Pädagogik, Bildungsserver, ERIC, PubMed und Science Direct, deren Rechercheverläufe und Ergebnisse im Anhang D aufgeführt werden. Dabei wurden insgesamt elf passende Literaturergebnisse identifiziert. Diese sind im Anhang in orangener Schrift dargestellt. Auf die entsprechenden unterschiedlichen Recherchevorgaben der einzelnen Datenbanken, z.B. die Verwendung von Trunkierungen, wurde geachtet. Zum anderen wurden Fachzeitschriften, für die ein freier Textzugang vorlag, durchsucht (Anhang E). Dazu zählten: Die Schwester. Der Pfleger.; Pflege Zeitschrift. Wissen & Management; PADUA - Fachzeit-schrift für Pflegepädagogik, Patientenedukation und -Bildung und Didacta. Es wurden die Hefte von Januar 2020 bis Dezember

2021 gesichtet. Dabei wurde eine weitere passende Literatur identifiziert. Außerdem liegt für das Fachportal Bibliomed-Pflege (https://www.bibliomed-pflege.de/) ein Mitgliedszugang vor, sodass auch dieses, allerdings ohne weiteren Erfolg, gesichtet wurde (Anhang E). Zusätzlich wurde eine Handsuche des Katalogs der Universitätsbibliothek Erlangen-Nürnberg vorgenommen (Anhang F). Daraus ergaben sich nach der Entfernung einer Duplikation keine neuen Ergebnisse. Abschließend fand eine Befragung von Google scholar mit den im Anhang B aufgelisteten deutschen Suchbegriffe statt. Dabei wurden weitere drei passende Ergebnisse identifiziert (Anhang F). Durch die Recherche in den ausgewählten Datenbanken und der Handsuche in den Fachzeitschriften, dem Bibliothekskatalog und Google scholar wurden insgesamt 15 geeignete Literaturquellen zur Beantwortung der Fragestellung erkannt. Eine Google scholar Suchanfrage zum Auffinden weiterer englischsprachiger Literatur wurde ebenfalls durchgeführt (Anhang F). Aufgrund begrenzter zeitlicher Ressourcen und der begrenzten Seitenanzahl der Forschungsarbeit wurde auf deren Auswertung verzichtet. Nachfolgend wurde eine For- und Backward-Search der 15 Literaturergebnisse durchgeführt. Google scholar wurde als Instrument für die Forward-Search verwendet, indem der Titel und/oder die Autoren der Literatur als Suchbegriffe eingegeben wurden. Falls sich dabei erneut passende Ergebnisse identifiziert ließen, fand so lange eine For- und Backward-Search statt, bis keine neuen Ergebnisse mehr aufgespürt wurden. Im Anhang G die Ergebnisse der For- und Backward-Searches mit dem jeweiligen Datum der Durchführung tabellarisiert dargestellt. Die daraufhin neu entdeckten Quellen wurden wieder in orangener Schrift aufgelistet. Letztendlich wurden insgesamt 28 geeignete Literaturquellen identifiziert und in die Auswertung mitaufgenommen, die zur Beantwortung der Forschungsfrage einen Beitrag leisten können. Eine visualisierte Auflistung dazu ist im Anhang H zu finden. Zu beachten ist dabei, dass die Literatur von NCoC (National Center of Competence) (2021) als Sammelband mit Kapiteln von unterschiedlichen Autor*innen als eine Quelle gewertet wird.

4 Einfluss der Corona-Pandemie auf die Gesundheit der Lehrenden an Pflegeschulen

Unter dem aktuellen Gliederungspunkt werden zunächst deskriptiv der Verlauf und die Auswirkungen der Corona-Pandemie zusammengefasst. Anschließend werden die Besonderheiten und das Setting einer BFS für Pflege in

Deutschland erklärt. Weiterführend werden unter dem Gliederungspunkt 4.3 der gesundheitliche Einfluss von berufstypischen Belastungen und Stressoren für LP allgemein und an Pflegeschulen während der Corona-Pandemie erläutert.

4.1 Eine deskriptive Zusammenfassung: Verlauf und Auswirkungen der Corona-Pandemie

Über 190 Länder sind mittlerweile von der Pandemie betroffen. Auf der ganzen Welt wurden bis zum 20.12.2021 über 274 Millionen bestätigte Infektionen mit dem Virus SARS-CoV-2 registriert. Insgesamt starben über 5,3 Millionen Menschen an oder mit dem Virus. In Europa zählt Deutschland zu den Ländern mit den häufigsten Neu-Infektionen und höchsten Inzidenzen (Radtke, 20.12.2021). Laut der Tabelle für „Todesfälle in Zusammenhang mit dem Coronavirus (COVID-19) seit Dezember 2019 nach am schwersten betroffenen Länder" sind bisher über 108.000 Personen in Deutschland im Zusammenhang mit der SARS-CoV-2 -Infektion verstorben (Radtke, 20.12.2021).

Auf der ganzen Welt wurden Schulen geschlossen, um die Verbreitung des Coronavirus SARS-CoV-2 einzudämmen. Für ca. 80 % aller SuS weltweit wurde der bisher gewohnte Präsenzunterricht unterbrochen, was sowohl das Leben der SuS, als auch die Arbeit der LP auf den Kopf stellte

(Jelińska & Paradowski, 2021, S. 303). Ab dem 16. März 2020 wurden auch die Schulen in Bayern für mehrere Wochen geschlossen (Jungblut, 28.12.2020). Wie bereits erwähnt, sind die Infektionsausbrüche an Schulen häufig und die Infektionszahlen der SuS hoch. Die Bundesbildungsministerin Bettina Stark-Watzinger lehnt erneute weitreichende Schulschließungen entschieden ab und Bayerns Ministerpräsident Herr Söder hält vorerst an den flächendeckend durchgeführten Hygienemaßnahmen, wie das Testen und die geltende Maskenpflicht, fest (BR24 Redaktion, 21.12.2021). Der Präsident des Deutschen Lehrerverbandes Meidinger und auch die Gewerkschaft Erziehung und Wissenschaft (GEW) halten einen baldigen Umstieg auf die Distanzlehre allerdings für wahrscheinlich (BR24 Redaktion, 21.12.2021). Der Abschlussbericht der von der Kultusministerkonferenz in Auftrag gegebenen Studie zum Thema Corona und Schulen, herausgegeben durch die Universität Köln und das Helmholtz-Zentrum für Infektionsforschung zeigt, „dass Schulschließungen effektive Instrumente zur Eindämmung der Epidemie sind" (2021, S. 11).

Die sich schnell ändernden pandemischen Bedingungen und die Uneinigkeit seitens der Politik und Verwaltungsebenen zeigt, dass sich wohl auch zukünftig die LP auf veränderte Bedingungen und Auflagen einstellen müssen. Die

Erfassung der damit einhergehenden beruflichen Stressoren und gesundheitsförderlichen Interventionen, um die Belastungen abzumildern und negative gesundheitliche Auswirkungen zu vermeiden, ist somit unabdingbar. Auch nach fast zwei Jahren nach dem Auftreten des neuartigen Virus lässt sich die zukünftige Lage der LP nicht abschätzen. Deshalb muss der Fokus dahingehend dringend auf die Gesundheit der LP gerichtet werden.

4.2 Das Setting und die Besonderheiten einer Berufsfachschule für Pflege

Dieser Abschnitt soll einen kurzen Einblick in die BFS für Pflege, ihre mitarbeitenden LP und deren beruflichen Aufgabenbereich geben.

Im Schuljahr 2020/2021 waren in Deutschland über 790.000 LP an allgemeinbildenden Schulen beschäftigt (Rudnicka, 22.09.2021). Eine genaue Anzahl der Pflegepädagog*innen bzw. der an BFS für Pflege unterrichtenden Personen kann über eine Internetrecherche nicht ermittelt werden. Laut dem Statistischen Bundesamt haben im Jahr 2019 insgesamt 71.300 (28.10.2020, Pressemitteilung Nr. N 070) und bis Ende des Jahres 2020 insgesamt 53.610 junge Menschen eine pflegerische Ausbildung begonnen (27.07.2021, Pressemitteilung Nr. 356). Laut dem § 9 des

Pflegeberufegesetzes (PflBG) soll auf 20 Ausbildungs-plätze mindestens eine Vollzeitstelle an hauptberuflichen LP kommen. Da auch in diesem Beruf Beschäftigte in Teil-zeit arbeiten, kann die hohe Anzahl an LP an den BFS für Pflege nur erahnt werden. Eines sei jedoch laut Drude, dem Vorsitzenden des Bundesverbands Lehrende Ge-sundheits- und Sozialberufe, gewiss: Die quantitative und qualitative generalistische Ausbildung der angehenden Pflegenden sei durch den massiven Mangel an pflegepä-dagogischen Fachpersonal an den BFS für Pflege gefähr-det (08.04.2021). Die LP an den BFS für Pflege müssen laut dem 2017 verabschiedeten neuen PflBG eine insbe-sondere pflegepädagogische hochschulische Ausbildung vorweisen. Für die Durchführung des theoretischen Unter-richts wird zukünftig ein akademischer Abschluss auf Mas-terniveau vorgegeben (§ 9). Dies liege vor allem daran, dass die gesetzlichen Ansprüche an den Unterricht gestie-gen sind und pflegewissenschaftliches Wissen vermittelt und implementiert werden soll (Frieß, Wobst & Koch, 2019, S. 52). Aber auch andere, fachspezialisierte oder freiberuf-liche Personen mit und ohne pädagogisch-didaktischer Ausbildung dürfen als LP für bestimmte Unterrichtsthemen an den Pflegeschulen unterrichten, beispielsweise Medizi-ner*innen, Jurist*innen, usw. (Schmal, 2017, S. 43).

Mit dem neuen PflBG und der Einführung der generalisti-schen Pflegeausbildung zum Pflegefachmann/zur Pflege-fachfrau wurden die bisherigen drei Ausbildungsrichtungen der Gesundheits- und Kinderkrankenpflege, der Gesund-heits- und Krankenpflege und der Altenpflege vereint (Frei-tag, Buschmann, Töttger, Porsch, Bükrücü, Holle & Peters, 2021, S. 167). Für die LP an den Pflegeschulen zog das eine Reihe an notwendigen Adaptionen nach sich. Bei-spielsweise war es Aufgabe der Schulen und der Kollegien ein an das PflBG und dem vorgegebenen Rahmenlehrplan angepasstes neues Curriculum zu entwerfen. Außerdem müssen nun zusätzliche, zeitlich aufwendige Praxisbeglei-tungen durchgeführt werden (Freitag et al., 2021, S. 167). Die Veränderungen und die damit einhergehende gestie-gene Arbeitsbelastung halten weiterhin an, da z.B. die Um-setzung des Curriculums weiterhin angepasst werden muss, falls bei der Durchführung Probleme und Schwierig-keiten ersichtlich werden. Auch die Praxisbegleitungen füh-ren zu einem erhöhten organisatorischen Aufwand, weil sie aufgrund der pandemischen Situation ggf. nicht wie ge-plant stattfinden können und umgeplant werden müssen. Bereits vor der Pandemie haben diese zusätzlichen „didak-tisch […] hoch komplexe[n] Aufgaben" zu einer „hohen Ar-beitsverdichtung und Belastung der Lehrkräfte geführt" (Drude, 08.04.2021).

Da die SuS einer BFS für Pflege als Pflegende einem erhöhten Risiko als andere Berufsgruppen ausgesetzt sind,
sich mit dem Corona-Virus zu infizieren (MDR,
29.10.2020), liegt die Vermutung nahe, dass auch die LP
an einer BFS für Pflege einem höheren Risiko als LP an
allgemeinbildenden Schulen ausgesetzt sein könnten. Sie
kommen nicht nur mit den pflegenden SuS in Kontakt, sondern bei den gesetzlich vorgeschriebenen Praxisbegleitungen auch immer wieder mit potentiell infizierten Patient*innen (Ausbildungs- und Prüfungs-verordnung für die Pfle-
geberufe - PflAPrV, 2018, Teil 1, Abschnitt 1, § 5 – Praxis-
begleitung). Ob praktisch tatsächlich ein höheres Infekti-
onsrisiko für die LP an BFS für Pflege vorliegt, konnte
durch eine Literaturrecherche aufgrund fehlender Studien
nicht geklärt werden. Dennoch könnte die fehlende Ge-
wissheit Unsicherheiten und Ängste vor einer Infektion bei
den LP auslösen, die sich negativ auf das Wohlbefinden
und die psychische Gesundheit der LP auswirken könnten
(siehe Gliederungspunkt 4.3).

Gesundheitsbezogene Maßnahmen spielen auch in der allgemeinen Gesetzgebung Deutschlands, unabhängig der
Pandemie, eine Rolle. „Maßnahmen des Arbeitsschutzes
im Sinne dieses Gesetzes sind Maßnahmen zur Verhütung
von Unfällen bei der Arbeit und arbeitsbedingten Gesund-

heitsgefahren einschließlich Maßnahmen der menschengerechten Gestaltung der Arbeit" (§ 2 Abs. 1, Arbeitsschutzgesetz, ArbSchG). Darüber hinaus nimmt das Sozialgesetzbuch (SGB V, § 20b) die Krankenkassen in die Pflicht, Maßnahmen zur Gesundheitsförderung in Betrieben (BGF) bereitzustellen (Hartung, Faller, Rosenbrock, 19.05.2021). „Die betriebliche Gesundheitsförderung (BGF) ist ein elementarer Baustein im betrieblichen Gesundheitsmanagement" (Ilgner, 30.03.2021). Als Abgrenzung dazu wird das betriebliche Gesundheitsmanagement (BGM) angesehen. Die BGF ist lediglich als Teilbereich des BGM zu betrachten (Ilgner, 30.03.2021). Das „BGM ist die Verankerung von Gesundheit und Leistungsfähigkeit als betriebliche Ziele unter Inanspruchnahme von Managementstrategien" (Hartung et al., 19.05.2021). Aufgrund der Pandemie ist es somit gegebenenfalls, trotz der bereits bestehenden gesetzlichen Grundlagen und Interventionen, notwendig die Gesundheit der LP neu zu beurteilen und eventuell neue Ansätze zur Gesundheitsförderung zu etablieren.

LP werden als „systemrelevant" eingestuft, weil sie eine „bedeutsame gesellschaftliche Aufgabe" erfüllen (Schneider, 2020, S. 26). LP an Pflegeschulen bilden die nächsten Generationen von professionell Pflegenden aus. Auch diese Berufsgruppe ist gesundheitlich hohen Belastungen

ausgesetzt. Deshalb erscheint es besonders entscheidend, dass die dort erwerbstätigen LP eine hohe Gesundheitskompetenz vorweisen, ein gesundheitsförderliches
Verhalten vorleben und letztendlich an ihre SuS weiterge-
ben, damit diese für ihren zukünftigen Beruf gewappnet
sind. Frau Rohde ist deshalb der Ansicht, dass die Schulen
und ihre LP als Lernbegleiter*innen fungieren (2019, S.
213). LP sollten als Vorbild in Bezug auf berufliche Herausforderungen und Belastungen angesehen werden. Dafür
sind sowohl personale, als auch betriebliche gesundheitsförderliche Strategien in Anpassung an die pandemische
Situation und ihrer neuen Belastungen notwendig. Die BFS
an sich sollten eine gesundheitsfördernde Organisation,
Struktur und förderliche Arbeitsabläufe aufweisen, um die
LP bei ihren täglichen Tätigkeiten optimal zu unterstützen.

4.3 Gesundheitlicher Einfluss von berufstypi-schen Belastungen und Stressoren für LP während der Corona-Pandemie an einer BFS für Pflege

Dieser Teil der Arbeit wurde nicht systematisch erarbeitet.
Aus verschiedenen Quellen werden deskriptiv Belastungen, Stressoren und ihre potentiellen gesundheitsbedrohli-
chen Auswirkungen aufgeführt.

Das Wohlbefinden und die Gesundheit von LP steht seit Jahrzehnten im Mittelpunkt der Bildungsforschung (Mungroo, 2020). Mit arbeitsbezogenem Wohlbefinden von LP ist die positive Bewertung und ein gesundes Funktionieren in ihrem Arbeitsumfeld gemeint (Kwatubana & Molaodi, 2021, S. 106). Beruflicher Stress kann als Folge einer Inkongruenz zwischen den Anforderungen und den eigenen Fähigkeiten bezeichnet werden. Die situativen Anforderungen können somit kaum oder nicht innerhalb eines begrenzten Zeitrahmens bewältig werden (Shen & Slater, 2021, S. 83). „Es entsteht ein deutlich spürbares Ungleichgewicht zwischen der subjektiven Bedeutung des Problems (Verwundbarkeit) und den Bewältigungsmöglichkeiten (Steuerungsoptionen), die der Person zur Verfügung stehen" (Scharinger, 2020, S.13). Ein andauerndes und hohes Stresslevel führt zu Unwohlsein und einem schlechten Gesundheitszustand, insbesondere dann, wenn einem Individuum die Bewältigungsressourcen fehlen oder es ineffektive Strategien zur Bewältigung einsetzt (Shen & Slater, 2021, S. 83). Satow betont aber dabei, „dass Stress das Ergebnis einer subjektiven Einschätzung ist und weniger eine Frage der tatsächlich eingetretenen Ereignisse" (2012, S. 17). „Gesunde und kranke Lehrkräfte unterscheiden sich kaum hinsichtlich der Beschreibung ihrer beruflichen Rahmenbedingungen, aber deutlich in der Bewertung dieser Rahmenbedingungen [...]" (Wisniewski, 2020, S.

8f.). Praktisch bedeutet das, dass die beruflichen Anforderungen letztendlich ganz individuell von jeder einzelnen LP
bewertet werden. Von einigen werden sie lediglich als Herausforderung betrachtet und bei anderen können sie bereits eine individuelle Stressreaktionen hervorrufen, die potentiell negative gesundheitliche Auswirkungen haben können. „Für den Lehrberuf ist die Notwendigkeit der Gesundheitsförderung unstrittig […]" (2012, S. 5).

Bereits vor der Pandemie waren einige der Arbeitsbedingungen des Lehrberufs eine Herausforderung: Teilweise
eine über 50-Stunden-Woche, keine klare Trennung von
Arbeitszeit und Freizeit, da häufig auch am Wochenende
vorbereitet oder nachbereitet werden muss (Schneider,
2020, S. 26). Weiter führt Schneider aus, dass das Burnout
Risiko, im Gegensatz zu anderen Berufsgruppen deutlich
erhöht sei (2020, S. 27). LP an Pflegeschulen waren bereits besonders durch die 2020 eingeführte generalistische
Pflegeausbildung, die „ein hohes Maß an Veränderungen
in der Lehre mit sich [bringt]" belastet (Freitag et al., 2021,
S. 167). In der nachfolgenden Tabelle von Fraundorfer
(2021, S.15) werden die hauptsächlichen Stressoren von
LP, unabhängig der Pandemie, zusammenfassend dargestellt:

Die wichtigsten Belastungssituationen und -faktoren für Lehrkräfte im Überblick sind[23]

- ungünstige Klassengröße und -zusammensetzung sowie disziplinäre Herausforderungen,
- störungsvolles und problembelastetes Arbeits- und/oder Unterrichtsklima; hoher Lärmpegel in Klassen,
- Zeitdruck und Häufung von Anforderungen zu bestimmten Zeitabschnitten (Schularbeitszeit, Matura) im Schuljahr,
- (schwelende oder offene) Konflikte und wenig ausgebildete Team- und Kommunikationskultur (Einzelkämpfertum),
- wenig respektvoller, anerkennender und kooperationsfördernder Führungsstil seitens der Schulleitung,
- Anordnungs- statt Kooperations- und Partizipationskultur,
- als unzureichend wahrgenommene Unterstützung und Begleitung durch beratend tätige Professionen in schwierigen sozialen/unterrichtlichen Situationen,
- vermehrte Erziehungsaufgaben und wenig Unterstützung seitens mancher Eltern (oder zu viel Einmischung von Seiten der Eltern),
- Zunahme administrativer Tätigkeiten wie Dokumentationsarbeiten oder Testdurchführungen,
- Abarbeitung zentraler Vorgaben zur Durchführung von Unterricht und Prüfungen sowie zum Erreichen von Schüler*innenleistungen,
- das Verantwortlich-Gemacht-Werden für die Leistungen der Schüler*innen (siehe TALIS-Studie),
- hoher Innovations- und Veränderungsdruck von außen bzw. durch die Notwendigkeit eines evidenzbasierten Schulqualitätsmanagements,
- Umgang mit zunehmender sprachlicher, sozialer und kultureller Diversität,
- Arbeitsintensivierung durch Digitalisierung des Unterrichts; Vermischung von Beruf und Privatleben durch entgrenzte Arbeitszeiten im Home Teaching/Schooling; Veränderungsdruck in Bezug auf den raschen Aufbau von digitalen Kompetenzen für Online-Unterricht.

Tabelle 1: Die wichtigsten Belastungssituationen und -faktoren für Lehrkräfte im Überblick; Quelle: Fraundorfer, 2021, S.15

Vor allem aber die neuen pandemischen Herausforderungen und die dadurch notwendigen politischen Verordnungen, wie z.B. die Schulschließungen und die Umstellung auf das Distanzlernen, können neue Stressoren für die LP darstellen. Aus Sicht der klinischen Psychologie und Psychotherapie ist die Pandemie ein „neuer, einzigartiger, multidimensionaler und potentiell toxischer Stressfaktor" der ein hohes Maß an "psychische[r] Flexibilität" erfordert (Brakemeier, Wirkner, Knaevelsrud, Wurm, Christiansen, Lueken & Schneider, 2020, S.2). Hillert, Lehr, Koch, Bracht, Ueing & Sosnowsky-Waschek sind sich deshalb einig: Laut Dr. Hasselhorn, einem Psychologieprofessor mit dem Schwerpunkt Bildung und Entwicklung, zeigt die Pandemie die Schwächen und Defizite des Bildungssystems in Deutschland deutlich auf (Sprung, 2021a, S. 4). Schaarschmidt betont, dass es für LP meist besonders psychische Stressoren sind, die eine gesundheitliche Gefahr darstellen. Dies liege hauptsächlich daran, dass der direkte Umgang mit Menschen und eine daraus entstehende Verantwortlichkeit ihnen gegenüber eine stärkere psychische Belastung darstellen, als der Umgang mit sachlichen Gegebenheiten (2011, S. 151). In Bezug auf die psychischen Belastungen und im Vergleich mit anderen Berufen hat der Lehrberuf „die kritischsten Beanspruchungsverhältnisse" (DAK-Gesundheit und Unfallkasse NRW, 2012, S. 5). Laut Wisniewski sind in der Pandemie vor allem folgende Faktoren psychisch belastend: „Neuartigkeit der Situation, historische Einmaligkeit, Unkontrollierbarkeit, Neuorganisation des Alltages [...], Falschnachrichten, Informationsflut, Unvorhersehbarkeit, Verlust vertrauter Abläufe" (2020, S.

4). Vor allem der Umstieg auf digitale Informationsweitergabe, Kommunikation, Interaktion und Lehr- und Lernmethoden (2020, S. 4f.). Sowohl die Schulschließungen, als auch die Schulöffnungen führten zu einer Verminderung des Wohlbefindens (Kwatubana & Molaodi, 2021, S. 109). Eine großangelegte Querschnittsuntersuchung mit 2300 LP von unterschiedlichen Schulformen, inklusive beruflicher Schulen, aus Nordrhein-Westfalen im Oktober 2020 brachte folgende belastende Faktoren hervor (Hansen, Klusmann & Hanewinke, 2020, S. 3): Mehrarbeit (S. 3), Angst vor einer Infektion (S. 3), Sorgen über die Leistungen der SuS (S. 3), Durchsetzung der hygienischen Maßnahmen bei den SuS (S. 3), kaum Zeit für Erholung und Pausen (S. 10), Mehrarbeit durch Ausfälle der Kolleg*innen (S. 11) und mangelnde digitale Ausstattung (S. 12). Es zeigten sich außerdem folgende gesundheitlichen Auswirkungen: Z. T. ausgeprägte emotionale Erschöpfung (S. 14) und Burnout-Symptome (S. 3). Eine repräsentative Befragung der forsa Politik- und Sozialforschung eröffnen weitere Stressoren: Die sich häufig wechselnden politischen Vorgaben und die daraus unzureichende Planungsmöglichkeit. Die wechselnden Unterrichtsformen, die die Unterrichtsvorbereitung erschweren. Allgemein belasten auch die Durchführung des Home-Schoolings, der Präsenzlehre oder des Wechselunterrichtes. Probleme mit den SuS oder deren Eltern wegen der Hygienemaßnahmen, der unzureichende soziale Kontakt zu Kolleg*innen und SuS, die mangelnde Motivation und die Lerndefizite der SuS, Sorgen, um die emotionale Belastung der SuS und die fehlende digitale Infrastruktur (05.05,2021, S. 4). Außerdem berichten LP über Gewalterfahrungen "im Zusammenhang mit der Durchsetzung von Infektionsschutzmaßnahmen" (forsa, 05.05.2021, S. 7). Auch die LP anderer Länder berichten über die gleichen oder ähnlichen Stressoren, Belastungen und Auswirkungen (Canadian Teachers' Federation, 2020, S. 35f.; Akdaş & Kalman, 2021, S. 1; Kwatubana & Molaodi, 2021, S. 106ff.; MacIntyre et al., 2021, S. 2f.).

Es gab bisher keine oder kaum Zeit für die LP, das Geschehene und die hohe Belastung zu verarbeiten und zu reflektieren (Ferren, 2021, S. 7). Laut des systematischen Reviews inkl. einer Meta-Analyse klagten die LP über Angst (17 %), Depression (19 %) und Stress (30 %) im Zuge der Pandemie (Ozamiz-Etxebarria, Idoiaga Mondragon, Bueno-Notivol, Pérez-Moreno, Santabárbara, 2021, S. 9). Ein gesundheitsförderliches Schulklima und entsprechende Arbeitsbedingungen sind nicht nur für die Gesundheit der LP, sondern auch für die „Qualität der Umsetzung des Bildungs- und Erziehungsauftrages" entscheidend (DAK-Gesundheit und Unfallkasse NRW, 2012, S. 3). An

BFS für Pflege ist der Erziehungsauftrag zwar weniger relevant, eine qualitativ hochwertige Ausbildung der zukünftigen Pflegenden dafür aber umso mehr. Frau Rohde betont, dass es vor allem aufgrund des demografischen Wandels und des auch daraus resultierenden weiter zunehmenden Pflegenotstandes entscheidend ist, „heute zukunftsweisend auszubilden und die Pflege weiter zu entwickeln" (2019, S. 213). Um eine zukünftige Veränderung in der Pflegepraxis erreichen zu können, ist es somit notwendig den Grundstein bereits in der Pflegeausbildung zu legen. Diese Aussage betont die Wichtigkeit der LP von BFS für Pflege für die tatsächliche Pflegepraxis. Da aber durch die Pandemie die Arbeitsbelastung der LP erhöht wird, besteht gleichzeitig die Gefahr, dass sich die Arbeitsleistung und die Effektivität der Lehr- und Lernprozesse verringert (Akdas & Kalmann, 2021, S. 10). Auch Giger und Linsmeier bestätigen, dass eine enge Korrelation zwischen der Gesundheit, dem Leistungsvermögen und der Qualität der Arbeit von LP besteht (2019, S. 93). Die Erhaltung der Gesundheit von LP ist somit nicht nur ihrer selbst willen wichtig, sondern auch deshalb, weil ansonsten negative Auswirkungen für die SuS entstehen könnten (MacIntyre, Gregersen & Mercer, 2020, S. 4).

Der Präsident des Deutschen Lehrerverbandes Herr Meidinger ist der Ansicht, „dass das Unterrichten dann doch an der Mehrheit der Schulen geklappt hat, ist weniger der Bildungspolitik, sondern dem Engagement, der Kreativität und Innovationskraft der Schulleitungen und Lehrkräfte vor Ort zu verdanken" (Sprung, 2021b, S. 16). Dieses hohe und vor allem ausdauernde Engagement über mehrere pandemische Wellen hinfort, fordert vielerorts, wie in diesem Gliederungspunkt berichtet, ihren gesundheitlichen Tribut von den LP. Sowohl seitens der Politik, aber auch die LP selbst sind es sich schuldig ihre Gesundheit und ihr Wohlergeben in den Mittelpunkt zu rücken, um auch für die weiteren Wellen oder andere Krisensituationen gewappnet zu sein.

5 Eine systematische Literaturrecherche: Gesundheitsfördernde Interventionsansätze für Lehrende während der Corona-Pandemie

In diesem Kapitel werden die Ergebnisse der systematischen Recherche bezüglich der gesundheitsförderlichen und krankheitspräventiven Maßnahmen für LP während der Corona-Pandemie ausführlich erläutert.

5.1 Formale Aspekte der Stichprobe

Identifizierte und verwendete Literatur:
- Klapproth et al., 2020
- Dreer & Kracke, 2021
- Ferren, 2021
- Pate, 2020
- Eryilmaz & Basal, 2021
- Esici et al., 2021
- MacIntyre et al., 2020
- Jelińska & Paradowski, 2021
- Canadian Teachers' Federation, 2020
- Kwatubana & Molaodi, 2021
- Shen & Slater, 2021
- Scharinger, 2020
- Wisniewski, 2020
- NCoC (National Center of Competence), 2021
- Sprung, 2021b
- Hidalgo-Andrade et al., 2021
- Abas, 2021
- Kim et al., 2021
- Chan et al., 2021
- Steiner & Woo, 2021
- Truzoli et al., 2021
- Zadok-Gurman et al., 2021
- BC Teachers' Federation
- Sokal et al., 2020
- Mungroo, 2020
- Matiz et al., 2020
- International Task Force on Teachers for Education 2030, 2020
- Kumpikaitė-Valiūnienė et al, 2021

Tabelle 2: Identifizierte und verwendete Literatur; Quelle: Eigene Darstellung, 2021

Die Tabelle 2 zeigt die insgesamt 28 identifizierten Ergebnisse der Recherche (siehe auch Anhang H). Zur besseren Vergleichbarkeit wurden sie bezüglich ihrer allgemeinen Informationen und ihrem methodischen Vorgehen tabellarisch im Anhang I dargestellt. In der linken Spalte werden die einzelnen Literaturquellen mit den jeweiligen Autor*innen und dem Jahrgang der Veröffentlichung genannt. Verglichen werden sie hinsichtlich ihres Formates und Status, dazu zählt z.B. die Bemerkung, ob ein Peer-Review-Verfahren durchlaufen wurde. Des Weiteren werden die Teilnehmer*innen an den Studien und ihre Besonderheiten aufgeführt. Außerdem der geographische Raum, die Methode zur Erfassung der gesundheitsförderlichen Interventionen, der Erhebungszeitraum der Studie und die Bedeutung für Pflegeschulen und deren LP bzw. der Einfluss auf deren Gesundheit. In roter Schrift sind persönliche Anmerkungen notiert, beispielsweise, ob eine Übertragbarkeit der Interventionen auf die Pflegeschulen und deren LP angenommen wird. Insgesamt 15 Studienergebnisse wurden als Artikel in Fachzeitschriften veröffentlicht (Klapproth, Federkeil, Heinschke, & Jungmann, 2020; MacIntyre et al.; Matiz, Fabbro, Paschetto, Cantone, Paolone & Crescentini, 2020; Chan, Sharkey, Lawrie, Arch & Nylund-Gibson, 2021; 2020; Eryilmaz & Basal, 2021, Esici et al., 2021; Jelińska & Paradowski, 2021; Hidalgo-Andrade, Hermosa-Bosano & Paz, 2021; Kim, Oxley & Asbury, 2021; Kwatubana & Molaodi, 2021; Kumpikaitė-Valiūnienė, Duobienė, Liubinienė, Kasperiūnienė & Tandzegolskienė, 2021; Shen & Slater, 2021; Truzoli, Pirola & Conte, 2021; Zadok-Gurman, Jakobovich, Dvash, Zafrani, Rolnik, Ganz

& Lev-Ari, 2021; Sokal et al., 2020). Alle, der eben genannten, bis auf Sokal et al. (2020), haben ein Peer-Review-Verfahren durchlaufen. Bei Canadian Teachers' Federation (2020), Sokal et al. (2020), Abas (2021), Ferren (2021) und Steiner & Woo (2021) ist der peer-reviewed-Status unbekannt. Ansonsten wurden die Literaturergebnisse anderweitig veröffentlicht, z.B. als Buchkapitel (Dreer & Kracke, 2021), als Begleitmaterial einer Online Schulung, die von Bayerischen Staatsministerium für Unterricht und Kultus organisiert wird (Wisniewski, 2020), als Praxisleitfaden zur Gesundheitsförderung in Krisenzeiten (Scharinger, 2020), als Interview in einer Fachzeitschrift (Sprung, 2021b), als Merkblatt/Broschüre herausgegeben von dem *Center to Improve Social and Emotional Learning and School Safety bei WestEd in Kooperation mit dem U.S. Department of Education* (Pate, 2020). Ferren (2021) und Steiner & Woo (2021) veröffentlichten ihre Studienergebnisse bei dem *Center for American Progress.* Die Autor*innen Fraundorfer; Scharinger & Gugglberger: Gerick; Schuch; Kranebitter & Schiestl; Poterpin; Valtl und Stürzebecher haben 2021 in einer 217-seitigen Handreichung Ihr Fachwissen veröffentlicht. Das besteht sowohl aus theoretischem Hintergrundwissen, als auch aus praktischen Anwendungstipps bezüglich der Gesundheitsförderung für Schulen und LP. Diese sind meist bekannte gesundheitsförderliche Interventionen, die bezüglich der Pandemie nochmals aufgegriffen werden. Herausgeber ist das National Center of Competence (NCoC) für psychosoziale Gesundheitsförderung an der Pädagogischen Hochschule Oberösterreich. Die BC Teachers' Federation (2020) veröffentlichte einen nicht peer-reviewed Kurzbericht über die aktuellen Bedingungen und politischen Empfehlungen für eine Verbesserung der psychischen Gesundheit von kanadischen LP während der COVID-19-Pandemie (S. 1). Das Webinar brachte die Erfahrungen von LP und Schulleitern südafrikanischer Schulen und das Fachwissen nationaler und internationaler Forscher (aus Deutschland, Amerika, Australien) zusammen (Mungroo, 2020). Das „International Task Force on Teachers for Education 2030 ist ein globales Netzwerk von über 90 Regierungen und etwa 50 internationalen und regionalen Organisationen […] die sich für die Förderung von Lehrern und Unterrichtsfragen einsetzen." (International Task Force on Teachers for Education 2030, 2020, S. 2). Sie veröffentlichten eine deskriptive Zusammenfassung von gesundheitsförderlichen Aspekten. Und die *Canadian Teachers' Federation* veröffentlicht ihre Studienergebnisse auf ihrer eigenen Internetseite (2020).

Die geographischen Räume der Literaturquellen befanden sich z.B. in Deutschland, Österreich, den USA, der Türkei, Kanada, Nordirrland, England, Italien, Ecuador, Philippinen, Israel und Litauen (siehe Anhang I). Internationale Ergebnisse wurden ebenfalls veröffentlicht (International Task Force on Teachers for Education 2030, 2020; MacIntyre et al., 2020; Jelińska & Paradowski, 2021; Kwatubana & Molaodi, 2021). Mungroo´s Veröffentlichungen bezogen sich auf Südafrika und internationale Interventionen (2020).

Die meisten Erhebungszeiträume fanden 2020 während oder nach den Schulschließungen statt. Nur Steiner & Woo (2021) erhoben ihre Daten Anfang 2021 und Zadok-Gurman et al. (2021) führten ihre prospektive kontrollierte, nicht randomisierte Studie bereits seit November 2019 durch (Tabelle Erhebungszeitraum - Anhang I). Es wurden unterschiedliche Methoden zur Erfassung der gesundheitsförderlichen Interventionen verwendet. 18 der Studien rekrutierten LP, die sie bezüglich der gesundheitsförderlichen Interventionen befragten (Tabelle *Teilnehmer*innen* - Anhang I). Die Anzahl der Teilnehmer*innen variierte zwischen 24 LP (Kim et al., 2021) und 13.770 befragten Personen (Canadian Teachers' Federation, 2020). Meist wurden LP von unterschiedlichen Schulformen befragt (Canadian Teachers' Federation, 2020; Klapproth et al., 2020; MacIntyre et al., 2020; Dreer & Kracke, 2021, Esici et al., 2021; Jelińska & Paradowski, 2021; Kim et al., 2021; Steiner & Woo, 2021;1 Sokal et al., 2020; Kumpikaitė-Valiūnienė et al., 2021; Matiz et al., 2020). Einige Forschenden befassten sich ausschließlich oder hauptsächlich mit LP von Hochschulen (Abas, 2021, S. 19; Shen & Slater, 2021, S. 84; Hidalgo-Andrade et al., 2021, S. 941). Andere wiederum nur mit LP von Grundschulen (Chan et al., 2021) oder LP von Gymnasien (Truzoli et al., 2021, S. 943). Von welchen Schulformen die teilnehmenden LP von Eryilmaz & Basal kamen, ist unklar (2021, S. 556). Es konnten keine Literaturquellen identifiziert werden, die sich auf die LP von Pflegeschulen in Deutschland und deren Gesundheitsförderung während der Pandemie beziehen.

Es wurden unterschiedliche Methoden zur Erfassung der gesundheitsförderlichen Interventionen genutzt. Die Erhebung der Daten wurde bei allen Studien aufgrund der pandemischen Lage online durchgeführt. Literatur mit der Verwendung eines COPE-Instrumentes nach Carver et al. (1989) oder eines selbst erstellten Instrumentes in Anlehnung an (Brief)-COPE (Carver, 1997) werden nochmals separat in einer Tabelle aufgelistet, um sie besser miteinander vergleichen zu können (Anhang K - Bewältigungsstrategien nach dem COPE-Instrument nach Carver et al.), (Klapproth et al., 2020; MacIntyre et al., 2020; Shen & Slater, 2021; Abas, 2021). Das COPE-Inventar (Coping Orientation to Problems Experienced) enthält 60 Items (Carver,

Scheier & Weintraub, 1989, S. 272). Das COPE war der Vorgänger des Brief-COPE (Carver, 1997), einer gekürzten Version, mit einer einfacheren Handhabung und einer geringeren Redundanz. Der Brief-COPE umfasst 28 Selbstbericht-Items, die in 14 Unterskalen mit jeweils zwei Items unterteilt. Sie sollen effektive und ineffektive Strategien identifizieren (MacIntyre et al., 2020, S. 3). Die 14 Unterskalen bestehen aus: Aktive Bewältigung, Planung, Verleugnung, Unterdrückung konkurrierender Aktivitäten, zurückhaltende Bewältigung, die Suche nach emotionaler Unterstützung aus instrumentellen Gründen, emotionale Unterstützung, positive Umdeutung, Akzeptanz, Glaube/Religion, Ablassen von Emotionen, verhaltensbedingter Rückzug, mentaler Rückzug und Alkohol-Drogen-Missbrauch/Rückzug (Carver et al., S. 272). Carver et al. betonen allerdings, dass der Brief-COPE nicht als einzige Skala zur Messung der Coping-Strategien genutzt werden sollte. Um die Bewältigungsstrategien vollumfänglich zu erfassen, sollten ggf. zusätzlich andere Instrumente verwendet werden (1989, S. 280). Klapproth et al. verwenden eine selbstentwickelte verkürzte Version mit 27 Items, die aber alle 14 Bewältigungsstrategien repräsentieren (2020, S. 447). MacIntyre et al., verwenden das Brief-COPE-Instrument von Carver et al. (1997) (2020, S. 5). Shen & Slater erstellen eine gekürzte Version aus 18 Items mit 9 Subskalen in Anlehnung an das Brief-COPE (2021, S. 85).

Abas wendet einen selbst erstellten Fragebogen an, der teilweise an das Brief-COPE angelehnt ist (2021, S. 8). Hidalgo-Andrade et al. verweisen auf die Studie von MacIntyre et al. (2020) und kritisieren die Brief-COPE-Skala. Die vorgegebenen Kategorien können nicht alle angewandten Bewältigungsstrategien von LP erfassen. Sie wählten daraufhin stattdessen einen qualitativen Forschungsansatz (2021, S. 940). Kwatubana & Molaodi führten eine Literaturrecherche von nationalen und internationalen Studien bezüglich der Führungsstile von Schulleitungen durch und eruierten ob diese das Wohlbefinden von LP in der Corona-Pandemie positiv beeinflussen (2021). Dreer & Kracke erstellten auf der Grundlage des Job-Demands-Resources-Modells (Demerouti et al., 2001) einen eigenen Fragebogen. Auch Kim et al. erhielten ihre Daten aus einer Mischung von induktivem und deduktivem Kodieren, basierend auf dem Job-Demands-Ressourcenmodell. Eryilmaz & Basal erhoben ihre Daten durch unterschiedliche Skalen und Instrumente (2021, S. 10f., siehe Tabelle Methode zur Erfassung der gesundheitsförderlichen Interventionen – Anhang I). Kumpikaitė-Valiūnienė et al., führten ein empirisches, quantitatives Design mit unterschiedlichen Instrumenten und Skalen durch (202, S. 1, S. 7). Einige Forschende erstellten eine deskriptive Zusammenfassung, aus der sich Bewältigungsstrategien ableiten lassen (BC Teachers' Federation, 2020; Mungroo, 2020; Scharinger,

2020; International Task Force on Teachers for Education 2030, 2020). Um eine spezielle gesundheitsfördernde Methode zu testen führten Zadok-Gurman et al., eine prospektive kontrollierte, nicht randomisierte Studie durch (2021, S. 1). Matiz et al. wanden ein Instrument zur Selbstreflexion an (2020, S. 1). Nur wenige Forschende wählten einen qualitativen, phänomenologischen Ansatz. Esici et al. führten standardisierte Einzelinterviews per Telefon oder Videoanrufe durch und zusätzlich einen Online-Fragebogen mit 6 offenen Fragen (2021, S. 161ff.). Steiner & Woo werteten die qualitativen offenen Fragen einer Online-Befragung aus (2021, S. 3). Alle weiteren Einzelheiten sollten der Tabelle (Anhang I) entnommen werden.

5.2 Inhaltliche Aspekte der verwendeten Literatur

Die 28, zur Forschungsfrage passenden Literaturergebnisse wurden anschließend hinsichtlich ihrer hauptsächlich erwähnten gesundheitsförderlichen Ansätze für die LP überprüft. Eine ausführliche inhaltliche Zusammenfassung der einzelnen Literaturquellen findet in der Tabelle *Kategorien der gesundheitsfördernden Aspekte (1. – 10.)* statt (Anhang J).

Um auch hierzu die einzelnen Ergebnisse besser miteinander vergleichen zu können, wurden die genannten Interventionen in unterschiedliche Bereiche bzw. Aspekte zusammengefasst und kategorisiert:

1. Gesundheitsförderliche Rahmenbedingungen und Umgebungsfaktoren
2. Soziale Vernetzung: Austausch, Interaktion, Kommunikation
3. Gesundheitsförderung auf institutioneller Ebene: Ministerien, Verwaltungen, Schulleitungen
4. Gesundheitsförderung auf gesellschaftlicher Ebene
5. Schulungen, Fort- und Weiterbildungen der LP
6. Persönliche Ressourcen und Schutzfaktoren
7. Aktive, individuelle Gesunderhaltung
8. Professionelle Hilfe und Beratung
9. Anwendung von speziellen gesundheitsförderlichen Interventionen
10. Bewältigungsstrategien nach dem COPE-Instrument nach Carver et al.

Tabelle 3: Kategorien der gesundheitsfördernden Aspekte; Quelle: Eigene Darstellung, 2021

Die in der Tabelle 3 dargestellten Aspekte sind ebenfalls im Anhang J aufgelistet und mit den Nummern 1. bis 10. gekennzeichnet. Die ausführlichen und ergänzenden Informationen, inklusive der einzelnen Auszüge aus den jeweiligen Literaturquellen, sind der im Anhang J eingefügten detaillierten Tabelle zu entnehmen.

Nachfolgend werden die zehn Aspekte genauer erläutert:

Gesundheitsförderliche Rahmenbedingungen und Umgebungsfaktoren

Die *gesundheitsförderlichen Rahmenbedingungen und Umgebungsfaktoren (1.)* spielten eine große Rolle. Diese können sowohl durch institutionelle Unterstützung oder eigenverantwortlich gestaltet werden. Dazugehörig ist der Gesundheitsschutz der LP, welcher sich durch Impfangebote, zur Verfügung gestellten FFP2-Masken und Raumluftfilteranlagen oder durch zu öffnendem Fenster, die zum Lüften geeignet sind, auszeichnet (Sprung; 2021b, S. 16; Steiner & Woo, 2021, S. 17). Weiterführend wird der Ausbau und die Implementierung von technischer und digitaler Infrastruktur und Rahmenbedingungen angesprochen. Die notwendige Hard- und Software sind essentiell (Klapproth et al., 2020, S. 451). Schnelles, flächendeckendes, funktionierendes Internet und Lernplattformen sind erwünscht (Esici et al., 2021; Jelińska & Paradowsi, 2021,165f.;

Sprung, 2021b, S. 16). Die überwiegende Mehrheit der LP betrachtete das Fehlen einer angemessenen Computerausstattung, zusammen mit einer geringen Internetanbindung als Haupthindernisse für einen erfolgreichen Unterricht (Klapproth et al., 2020, S. 450). Dreer & Kracke sind der Auffassung, dass eine „Digitalkultur" erschaffen werden sollte (2021, S. 55). Die deskriptiv zusammengetragenen Ergebnisse von Mungroo stimmen dem zu (2020). Aus einigen Literaturquellen ließen sich gesundheitsförderliche Interventionen bezüglich des Home-Office ableiten. Durch die Erstellung eines Arbeits- und Zeitplanes lässt sich der Tag strukturieren (Pate, 2020, S. 6). Festgelegte offizielle Arbeitszeiten können vor einer Überarbeitung schützen. Diese Zeiten sollten allerdings klar kommuniziert werden, um deutlich zu machen wann man erreichbar ist und wann nicht (Pate, 2020, S. 6). Weiterführend wird empfohlen den Arbeitsplatz professionell einzurichten und funktional unterstützend und fröhlich zu gestalten. Die richtige Arbeitshöhe des Bildschirmes, Schreibtisches und Stuhles sollen ein ergonomisches Arbeiten ermöglichen. Des Weiteren sollte auf Ordnung und angepasste Lichtverhältnisse geachtet werden (Pate, 2020, S. 6). Es sollten bewusste physische und psychische Pausen gemacht werden, indem beispielsweise der Arbeitsplatz zum Essen verlassen wird (Pate, 2020, S. 6). Belastungen sollten in Bezug auf den

(online) Unterricht, wenn möglich durch die LP selbst reduziert werden, indem weniger Aufgabenstellungen erfolgen
oder der Fokus vom akademischen Inhalt zu positiven und
gesunden Beziehungen verlagert wird (Pate, 2020, S. 6).
Die (kognitive) Planung der didaktischen Aktivitäten sollen
die letztendliche Durchführung des Unterrichtes erleichtern
(Truzoli et al., 2021, S. 947ff.). Insgesamt schlagen Dreer
& Kracke vor, dass die Schaffung einer neuen „Lernkultur"
zum selbstgesteuerten Lernen der SuS eine Entlastung für
die LP darstellen (2021, S. 55). Fraundorfer betont den hohen Stellenwert eines guten Schulklimas (2021, S. 7).

**Soziale Vernetzung: Austausch, Interaktion, Kommu-
nikation**

Die *soziale Vernetzung, also der Austausch, die Interaktion
und Kommunikation* stellen den zweiten Aspekt dar *(2.)* Die
soziale Unterstützung und Kontakt zu anderen, z.B. zu
Freunden, Familie, Kolleg*innen oder SuS erzeugte den
stärksten positiven Einfluss auf die mentale Gesundheit
und das Wohlbefinden und federte berufliche Belastungen
am besten ab (Kim et al., 2021, S. 14f.). Hidalgo-Andrade
et al., bestätigen diese Aussage. Die an der häufigsten angewandten Strategie in ihrer Studie war die soziale Unterstützung (2021, S. 938). Auch Scharinger (2020, S. 40f.)
und Fraundorfer (2021, S. 18 & 22) bezeichnen die Stär-

kung der sozialen Beziehungen als den stärksten protekti-
ven Faktor für die Gesundheit der LP. Die „positive Beziehungsgestaltung" (Schuch, 2021, S. 93ff.), emotionale Unterstützung (Chan et al. 2021, S. 541) und der Austausch
von Erfahrungen (International Task Force on Teachers for
Education 2030, 2020, S. 1f.) sind in pandemischen Krisenzeiten essentiell für das Wohlbefinden der LP (BC Teachers' Federation, 2020, S. 6). Dies diene der Stärkung der
Identität, Zugehörigkeit und Verbundenheit (Pate, 2020, S.
5). Vergleiche der eigenen Leistungen mit den Leistungen
der Kolleg*innen, können inspirierend und motivierend sein
(Truzoli et al., 2021, S. 947ff.). Die Herausforderungen von
LP lassen sich durch „Konstruktive Beziehungen zwischen
den Lehrkräften [...] abfedern (Fraundorfer, 2021, S. 7).
Weiterführend können die Herausforderungen des Online-
Unterrichtes z.B. durch tägliche online Besprechungen gemeinsam bewältigt werden (Chan et al., 2021, S. 539). Eine
Mentorenschaft von außerhalb der Schulen könnte der gegenseitigen Ermutigung und Unterstützung dienen (Kim et
al., 2021, S. 20). Gemeinsam kann auch eine Kompetenzerweiterung durch gegenseitige Hilfe beim Umgang
mit digitalen Medien stattfinden (Dreer & Kracke, 2021, S.
55).

Die Aufrechterhaltung des sozialen Kontaktes zu den SuS
und ggf. zu ihren Eltern halten ebenfalls viele Forschende

für wichtig (Esici et al., 2021, S. 166; Canadian Teachers' Federation, 2020, S. 20ff.; BC Teachers' Federation, 2020, S. 6). Qualitativ hochwertige Beziehungen zu den SuS wirken sich positiv auf das psychosoziale Wohlbefinden der LP aus (Fraundorfer, 2021, S. 7). Es zeigte sich eine schwache Korrelation, je häufiger LP Kontakt zu ihren SuS hatten, desto höher war ihre Berufszufriedenheit (Dreer & Kracke, 2021, S. 55f.). Die Aufrechterhaltung der Kontakte könnte z.B. online oder über Briefe, Telefonate und Postkarten erfolgen (Pate, 2020, S, 5). Chan et al. halten die Unterstützung und das Engagement seitens der Eltern und SuS ebenfalls für protektive Faktoren (2021, S. 540). Aber auch die soziale Unterstützung des privaten Umfeldes des LP, durch Freunde, Familie oder den/die Partner*in erweisen sich als gesundheitsförderlich in der pandemischen Lage (Canadian Teachers' Federation, 2020, S. 20ff.; Eryilmaz & Basal, 2021, S. 55; Esici et al., 2021, S. 165; Truzoli et al., 2021, S. 947ff.).

Gesundheitsförderung auf institutioneller Ebene: Ministerien, Verwaltungen, Schulleitungen

Der dritte kategorisierte Aspekt ist die *Gesundheitsförderung auf institutioneller Ebene (3.)*. Institutionelle Unterstützung wirkt sich positiv auf die Work-Life-Balance und das subjektive Wohlbefinden aus, verringert das arbeitsbezogene, klientenbezogene und persönliche Burnout-Niveau

(Kumpikaitė-Valiūnienė et al., 2021, S. 12). In den Ergebnissen von Sokal et al. ließ sich die Unterstützung von Administratoren als einzige signifikante negative Korrelation mit der Erschöpfung der LP feststellen (2020, S. 71). Diese Erkenntnis widerstrebt bisherigen Forschungsergebnissen. Ein Erklärungsversuch der Forscher*innen (S. 72) besagt, dass eine Kausalität nicht ermittelt werden kann, außerdem können zusätzliche persönliche Beziehungen, die Teilnahme an Beratungsgesprächen, Einweisung in die Technik/Technologie, usw. als zusätzliche Stressoren wahrgenommen werden. Alternativ könnten LP, die sehr erschöpft sind diese als besonders wichtig wahrnehmen und gezielt und vermehrt nach diesen Ressourcen suchen und sie auch anwenden. Wertschätzung und Belohnung der Arbeit seitens der institutionellen Ebene steigern das Wohlbefinden (BC Teachers' Federation, 2020, S. 6). Eine informierte, konstruktive Zusammenarbeit und Kommunikation, inklusiver gemeinsamer Problemlösung und Entscheidungsfindung tragen zur Gesundheitsförderung bei (BC Teachers' Federation, 2020, S. 6; Steiner & Woo, 2021, S. 18f.; Chan et al., 2021, S. 539; Kim et al., 2021, S. 20). Von institutioneller Ebene ist der Beschluss und die Implementierung von Gesundheits- und Sicherheitsrichtlinien und -protokollen nach aktueller pandemischer Lage seitens der LP gewünscht (Canadian Teachers' Federation, 2020, S. 20ff.). LP fordern zum Teil wohl zum einen klare Formulierungen bezüglich der beruflichen Erwartungen, die an sie gestellt werden (Canadian Teachers' Federation, 2020, S. 20ff.; Chan et al., 2021, S. 539f.), inklusive Pläne zur Vorbereitung ähnlicher Krisensituationen (Esici et al., 2021, S. 169) oder klarer Richtlinien und Standards für den Fernunterricht und die verwendeten Technologien (Canadian Teachers' Federation, 2020, S. 20ff.; Steiner & Woo, 2021, S. 19f.; Chan et al., 2021, S. 539f.). Zum anderen befürworten sie einen eigenen Handlungs- und Entscheidungsraum, sowie ein Grundvertrauen ihnen und ihren Kompetenzen gegenüber (Sprung, 2021b, S. 16). Beispielsweise ist mehr Autonomie bei den Lehrmethoden, um den eigenen Arbeitsstil miteinzubringen, gewünscht. Oder die Lockerung staatlicher Standards für Lehrplaninhalte oder für die Online-Lehre, sowie gelockerte Erwartungen und die Aufhebung der Rechenschaftspflicht für Unterrichtsprozesse und -ergebnisse (Chan et al., 2021, S. 540). Laut Fraundorfer ist die Mitsprache und Mitgestaltung (S. 16), die „Partizipation und [das] (Selbst-)Empowerment" wirkungsvoll gesundheitsfördernd (2021, S. 20). Weiterführend sagt sie, dass Probleme gemeinsam besprochen werden sollten, damit zusammen Lösungsansätze erarbeitet werden können (2021, S. 20). Auch die International Task Force on Teachers for Education 2030 (2020) kommt zu dem gleichen Schluss. Neben sozialer Unterstützung und dem Einsatz persönlicher Bewältigungsstrategien hatte das Gefühl, selbst flexibel zu sein, z.B. bezüglich der Pausengestaltung oder dem Arbeiten von zuhause aus und das Gefühl, die Kontrolle über die berufliche Situation zu haben, einen positiven Einfluss auf die mentale Gesundheit und das Wohlbefinden (Kim et al., 2021, S. 15f.) Durch ein höheres Autonomieerleben zeigte sich eine höhere Zufriedenheit und eine geringere berufliche Belastung (Dreer & Kracke, 2021, S. 56).

Auch die Schulleitungen werden in die Verantwortung genommen. Sie sollten grundlegende Entscheidungen treffen und Maßnahmen für den Gesundheitsschutz verantworten (Sprung, 2021b, S. 17). Die Förderung der Gesundheitskompetenz ist eine Aufgabe der Schulleitungen und LP sollten genau beobachtet werden und bei drohender Überbelastung rechtzeitig entlastet werden (Fraundorfer, 2021, S. 19). Damit die Schulleitungen überhaupt eine Gesundheitsförderung anstreben können, müssen aber auch sie selbst institutionell unterstützt werden (Mungroo, 2020). Gerick führt die Charakteristika gesundheitsförderlicher Führung auf (2021, S. 63) und geht auf die beiden gesundheitsförderlichen Führungsstile ein: Die Transformationale Führung (S. 64ff.) und die Salutogene Führung (S. 66f.). Ein positiver, wertschätzender und anerkennender Führungsstil (Fraundorfer, 2021, S. 7; Mungroo, 2020), sowie Verständnis und Geduld (Chan et al., 2021, S. 541) sollten seitens der Schulleitungen gegenüber den LP gelebt werden. Die Art der Führung seitens der Schulleitungen erfordert in so vielschichtigen Krisen, wie der Corona-Pandemie, eine besondere und angepasste Führung und Leitung. Dies läge wohl auch daran, dass die Mitarbeiter*innen in gewisser Weise erwarten, dass die Schulleitungen die Auswirkungen der Veränderungen minimieren und sie versuchen die Normalität zu wahren (Kwatubana & Molaodi, 2021, 106). Das Wohlbefinden und damit auch die Gesundheit der LP sei wichtig, weil nur dann ein positiver Einfluss auf das Wohlbefinden der SuS und deren schulischen Leistungen stattfinden kann (Kwatubana & Molaodi, 2021, S. 106). Da die pandemische Situation sich negativ auf das Wohlbefinden und die Gesundheit ausgewirkt hat, scheint es für die Schulleitungen in dieser Zeit unabdinglich zu sein, mit ihrem Führungsstil einen positiven Einfluss auf das Wohlbefinden und die Gesundheit der mitarbeitenden LP zu nehmen. Ein hierarchischer Ansatz von oben nach unten ist nicht zu empfehlen, die Verantwortung kann und sollte aufgeteilt werden, Delegation ist sinnvoll (Kwatubana & Molaodi, 2021, S. 110). Auch Erlinghagen sieht in dem Konzept der Shared Leadership ein „erhebliches Potenzial" (2018, S. 187). Kwatubana & Molaodi betonen, dass das „Einfühlsame Führen" ebenfalls ein gesundheitsförderlicher Führungsstil ist (2021, S. 110).

Insgesamt soll die Erschaffung eines gesundheitsförderlichen Systems im Bereich Schule entstehen. Nicht nur
kurzfristige Maßnahmen, sondern ein gesundheitsförderliches System und institutionelles Engagement muss etabliert werden, inkl. finanzieller Investitionen (BC Teachers'
Federation, 2020, S. 6f.; Jelińska & Paradowsi, 2021, S.
318). Es sollte zusätzliches Personal eingestellt werden,
dass die SuS bei der Einhaltung der Covid-19 Maßnahmen
unterstützt und dadurch die LP entlastet (Steiner & Woo,
2021, S. 17). Die Verantwortlichen/die Schulen sollten Daten über die jeweiligen Arbeitsbedingungen und das damit
zusammenhängende Wohlbefinden ihrer LP sammeln, um
auch zukünftig entsprechende gesundheitsförderliche
adaptierte Maßnahmen zu gewährleisten (Steiner & Woo,
2021, S. 17f.). Außerdem sollte ein Zugang zur Kinderbe-
treuung gewährleistet werden (Steiner & Woo, 2021, S.
19). Vor allem für Frauen ist die Betreuung der eigenen
Kinder oft eine zusätzliche Belastung (Steiner & Woo,
2021, S. 2). Die Krise sollte genutzt werden um nachhaltige
Verbesserungen einzuführen, die die Probleme und die soziale Ungleichheit beheben, damit sich auch das Wohlbefinden der LP verbessert (Mungroo, 2020). Die langfristige
Finanzierung der Bildungssysteme inkl. finanzieller und
materieller Ressourcen muss gewährleistet sein. Außerdem müssen die Arbeitsplätze und Löhne der LP erhalten

bleiben, auch für z.B. Zeitarbeiter*innen (International Task Force on Teachers for Education 2030, 2020, S. 1).

Gesundheitsförderung auf gesellschaftlicher Ebene

Der vierte kategorisierte Aspekt ist die *Gesundheitsfördernd auf gesellschaftlicher Ebene (4.).* Die Erwartungen der Gesellschaft müssen sich ändern und der Druck auf das Bildungssystem muss abnehmen (Canadian Teachers' Federation, 2020, S. 20ff.) Diese Ebene wirkt übergeordnet ein. Interventionsansätze sollten sich auf die jeweilige Gesellschaft beziehen (z.B. Aufklärung über die Tätigkeiten und die hohe Verantwortung einer LP, um die Anerkennung zu steigern) oder die Medien (ordnungsgemäße Aufklärung über den Beruf), usw. Eltern sollten umfassend darüber informiert werden, was LP tun und was sie erleben (Chan et al., 2021, S. 540) Es kann Verständnis und Unterstützung erzeugen.

Schulungen, Fort- und Weiterbildungen der LP

Der fünfte identifizierte Aspekt bezieht sich auf die *Gesundheitsförderung der LP durch Schulungen, Fort- und Weiterbildungen (5.).* Schulungen bezüglich Coping- und Bewältigungsstrategien und Kompetenzen können zu einer langfristigen positiven Beeinflussung des Wohlbefindens der LP führen (Klapproth et al., 2020, S. 451). Diese könnten auch online angeboten werden (Eryilmaz & Basal, 2021, S.

558;). Weiterführend werden psychologische Unterstüt-
zungen für die LP empfohlen (Eryilmaz & Basal, 2021, S.
558; Esici et al., 2021, S. 164). Auch Angebote zur Trauer-
bewältigung werden erwähnt (Esici et al., 2021, S. 164).
Chan et al. regen auch zu Fortbildungen für die SuS und
deren Eltern bezüglich des Online Unterrichtes an (2021,
S. 540). Den größten gesundheitlichen Nutzen für die LP
könnten in der akuten pandemischen Lage aber die Fort-
und Weiterbildungen bezüglich der Online-Lehre haben.
Frühere Unterrichtserfahrungen mit der Online-Lehre
scheinen für eine reibungslosere und schnellere Anpassung an die neuen Umstände wichtig zu sein (Jelińska &
Paradowsi, 2021, S. 314). Wie bereits erwähnt drohen erneute Schulschließungen oder zumindest die Umstellung
auf die Distanzlehre. Es ist unabdingbar, dass sich LP nun
sicher im Umgang mit der digitalen Lehre fühlen. Schulungen zum Krisenmanagement, Klassenraummanagement,
Technologieeinsatz (Esici et al., 2021, S. 164; Chan et al.,
2021, S. 540), aber auch für digitale Methoden und Lehre
(Klapproth et al., 2020, S. 451; International Task Force on
Teachers for Education 2030, 2021, S. 2; Steiner & Woo,
2021, S. 19f.) sollten angeboten werden. Eine zukünftige
Anpassung der Ausbildung von LP ist vor allem hinsichtlich
der digitalen Veränderungen notwendig (Jelińska & Paradowsi, 2021, S. 318). Eine Möglichkeit wie LP auf die digitalen Herausforderungen gut vorbereitet werden können

zeigt eine kalifornische Hochschule mit ihrem universitären Lehrerausbildungsprogramm (Quezada-Parker, Talbot & Quezada, 2020, S. 472-483). Eine Anpassung an die speziellen Rahmenbedingungen und Erfordernisse für die Pflegeschulen in Deutschland ist notwendig, dennoch könnte diese Quelle als Inspiration dienen. Virtuelle Workshops zur körperlichen Betätigung, zur Förderung der sozialen Kontakte (Hidalgo-Andrade et al, 2021, S. 941) oder zur Förderung der Achtsamkeitspraxis (Valtl, 2021, S. 187) können ebenfalls ihren Beitrag zur Gesundheitsförderung leisten.

Persönliche Ressourcen und Schutzfaktoren

Der sechste kategorisierte Aspekt sind *persönliche Ressourcen und Schutzfaktoren (6.).* Zur Identifizierung von möglichen Schutzfaktoren und individuellen Ressourcen können folgende Leitragen hilfreich sein: *Welche Bewältigungsstrategien wurden in der Vergangenheit angewandt und welche lassen sich auf die neue Situation übertragen?* (Pate, 2020, S. 2). Mögliche gesundheitserhaltende und -fördernde Ressourcen sind beispielsweise: Offenheit, Flexibilität und Anpassungsfähigkeit (Pate, 2020, S. 4f.); eine salutogenetische Betrachtungsweise, d.h. die persönliche Einschätzung einer belastenden Situation soll so verändert werden, sodass der Lehrberuf „erfolgreich, zufrieden und gesund auszuüben" ist (Wisniewski, 2020, S. 9); Gelassenheit und keine zu harte Strenge, nicht zu penibel sein, Fehler zulassen und daraus lernen (Pate, 2020, S. 2; Sprung, 2021b, S. 7); Eine zuversichtliche Haltung, also das Positive sehen, optimistisch sein und sich darauf konzentrieren und sich darüber freuen, mehr Sinnerleben, Selbstführsorge, Belohnungen für gelungene Tage und Tätigkeiten (Pate, 2020, S. 2f.); Selbstwahrnehmung üben und steigern und sich der eigenen Gedanken und Gefühle bewusst sein, sie akzeptieren und das eigene Handeln dahingehend anzupassen (Pate, 2020, S. 2f.). Weiterführend wird die Selbstreflexion (Fraundorfer, 2021, S. 21) oder lösungsorientiert, realistisch, ruhig sein und bleiben und konzentriert vorgehen erwähnt (Pate, 2020, S. 2f.; MacIntyre et al. 2020, S. 11; Eryilmaz & Basal, 2021, S. 551; Hidalgo-Andrade et al, 2021, S. 938). Pate schlägt die Durchführung der Achtsamkeitspraxis (2020, S. 2) vor. Diese hat eine Vielzahl von positiven Effekten auf die psychische und physische Gesundheit. Sie mindert z.B. psychische und psychosomatische Beschwerden, wie Depressionen, Ängste, Drogenkonsum, Schlafprobleme und verbessert z.B. das Körperbewusstsein und die Selbstregulation. Insgesamt wird die Resilienz gegenüber Belastungen erhöht und negative gesundheitliche Folgen reduziert. Des Weiteren können sich positive Effekte auf das Arbeiten im Team und auf den Unterricht auswirken (Valtl, 2021, S. 177ff.).

Ab Seite 183 werden praktische Anwendungstipps gegeben, z.B. die Durchführung von *Atemmeditation, Body Scan, Gehmeditation, Metta-Meditation, Achtsames Yoga, Achtsames Essen,* usw. Auch für Schulen und LP können solche Schulungen und Kurse angeboten werden (Valtl, 2021, S. 177ff.). Bei Überforderung wird kurz Innehalten und Durchatmen empfohlen (Pate, 2020, S. 2). Ein Perspektivenwechsel indem nach dem Sinn gesucht wird und indem auch in negativen Aspekten das Positive gesucht wird (Pate, 2020, S. 4). Außerdem sollte Dankbarkeit und Wertschätzung gezeigt werden (Hidalgo-Andrade et al, 2021, S. 938), z.B. mithilfe eines Tagebuchs, in welches täglich geschrieben wird, für was Dankbarkeit empfunden wird (Pate, 2020, S. 4). Es sollten die Tätigkeiten ausgeübt werden, die einem Freunde bereiten und guttun (Pate, 2020, S. 4). Hidalgo-Andrade et al. empfehlen regelmäßiges Lachen (2021, S. 938). Seitens der LP sollten Grenzen gesetzt und Bedürfnisse klar kommuniziert werden (Pate, 2020, S. 4). Es sollte auch mal Abstand genommen werden (Eryilmaz & Basal, 2021, S. 551), falls eine Überlastung droht. Weitere Ressourcen sind: Offen über Gefühle sprechen und sie auch rauslassen, z.B. weinen (Hidalgo-Andrade et al, 2021, S. 938), Mitgefühl zeigen, aktiv zuhören, Verständnis zeigen und erkennen, dass jeder anders auf Stress reagiert (Pate, 2020, S. 4, S. 6). Kritischer und bewusster Medien- und Nachrichtenkonsum, indem sich auf Fakten und auf zuverlässige Quellen konzentriert wird. Falls die Informationsflut belastende Gefühle auslösen sollte, dann sollte der Konsum limitiert (Pate, 2020, S. 7) oder pausiert werden (Hidalgo-Andrade et al, 2021, S. 938).

Als Schutzfaktoren werden folgende Eigenschaften benannt: Kontrollüberzeugung, d.h. die Fähigkeiten und Bemühungen einer Person werden als interne Ursachen für Erfolg oder Misserfolg angesehen, während Zufall, Schicksal, mächtige andere und Glück als externe Ursachen gelten (Truzoli et al., 2021, S. 942). Mehrere Forschende sehen die Selbstwirksamkeit und das Selbstwirksamkeitserleben als einen zentralen Faktor an (Wisniewski, 2020, S. 8f.; Scharinger & Gugglberger, 2021, S. 32; Truzoli et al., 2021, S. 942;). Das Vertrauen in sich und die eigenen Fähigkeiten, v.a. bezüglich des Fernunterrichtes führen zu einer besseren Bewältigung (Jelińska & Paradowsi, 2021, S. 318). Scharinger spricht dabei von „persönliche[m] Kompetenzerleben" (2020, S. 40). Je kompetenter sich die LP im Umgang mit digitalen Medien einschätzten, desto motivierter und zufriedener waren sie und empfanden weniger Stress (Dreer & Kracke, 2021, S. 56). Eine hohe Selbstwirksamkeit ist verbunden mit einem besseren psychischen Wohlbefinden und mit weniger Stress, Angst und Depression (Truzoli et al., 2021, S. 948). Schutzfaktoren spielen somit eine wichtige Rolle bei der Verringerung der negativen psychologischen Folgen der Pandemie (Truzoli et al., 2021, S. 948). Auch der Kohärenzsinn, Distanzierungsfähigkeit und Achtsamkeitssteuerung seien wirkungsvoll (Wisniewski, 2020, S. 8f.). Poterpin weist darauf hin, dass mithilfe von individuellen Eigenschaften die Resilienz gesteigert werden kann: Selbstwahrnehmung, -verantwortung, -fürsorge, -reflexion, -wertschätzung und -liebe, emotionale Balance und Optimismus, Lösungsorientierung, Lernbereitschaft, Kreativität, Akzeptanz können dabei helfen (2021, S. 155). Weiterführend stellt sie Übungen vor, die die Resilienz erhöhen sollen (S. 156ff.). Jelińska & Paradowsi fanden heraus, dass die engagiertesten LP den Übergang auf die Fernlehre am besten bewältigten (2021, S. 314). Die Bereitschaft sich trotz Belastungen weiterentwickeln zu wollen sei dafür notwendig (Fraundorfer, 2021, S. 16). Dreer & Kracke empfehlen dazu einen „proaktive[n] Umgang" und Motivation (Dreer & Kracke, 2021, S. 55). Auch Sprung fand heraus, dass die Herausforderungen am besten selbst anzupacken sind, anstatt auf Vorgaben oder Lösungsvorschläge seitens der Politik oder Verwaltung zu warten (Sprung, 2021b, S. 17). Produktive Ablenkung, beispielsweise Aktivitäten, die z.B. im Zusammenhang mit der beruflichen Entwicklung stehen, wie etwa Unterricht vorbereiten, Themen recherchieren, usw. kann dem dienlich sein. Diese Herangehensweisen zeigten wohl einen positiven Einfluss auf das Wohlbefinden (Hidalgo-Andrade et al, 2021, S. 938 & S. 940). Dreer & Kracke entdeckten nämlich, dass die Kompetenzerweiterung bezüglich des Umgangs mit den digitalen Medien größtenteils durch selbstständiges Versuchen und Probieren stattfand (Dreer & Kracke, 2021, S. 54). Scharinger hält es für entscheidend sich selbst zeitlich strukturieren zu können, „Aufgaben zu priorisieren und effektiv zu arbeiten" sei das Ziel (2020, S. 40).

Aktive, individuelle Gesunderhaltung

Der siebte Aspekt bezieht sich auf die *aktive und individuelle Gesunderhaltung (7.)*. Eine Möglichkeit ist die körperliche und geistige Aktivität, z.B. durch Sport oder Rausgehen in die Natur (Pate, 2020, S. 3 & 5f.). Kim et al. fanden dazu in ihrer Studie heraus, dass diese Aktivitäten einen positiven Einfluss auf die mentale Gesundheit und das Wohlergehen der LP haben (2021, S. 16f.). In der Studie von Hidalgo-Andrade et al. war die zweithäufigste verwendete Strategie zur Bewältigung der LP, die Erhaltung und Verbesserung der körperlichen Gesundheit (2021, S. 938). Auch Entspannungsübungen und -methoden, wie beispielsweise Yoga oder Meditation z.B. mithilfe einer Meditations-App, werden häufig zur Gesundheitsförderung benannt (Pate, 2020, S. 3 & 5f.; Hidalgo-Andrade et al., 2021, S. 938; Kim et al., 2021, S. 16f.; Truzoli et al., 2021, S.

947ff.). Stürzebecher stellt in ihrer Veröffentlichung dazu passende Yoga- und Atemübungen vor (2021, S. 205ff.). Zu den persönlichen Strategien können auch die Ausübung des Glaubens oder die Spiritualität zählen (Eryilmaz & Basal, 2021, S. 55; Hidalgo-Andrade et al, 2021, S. 938). In der Studie von Hidalgo-Andrade et al. war die dritthäufigste verwendete Coping-Strategie die Durchführung von individuellen Hobbys z.B. Stricken, Filme schauen, lesen, Musizieren (2021, S. 938). Diese Ergebnisse stünden auch im Einklang mit früherer Forschung, die zeigt, dass die Aufnahme und Aufrechterhaltung von Hobbys mit einer besseren psychischen Gesundheit und weniger Symptomen von Angst und Depressionen zusammenhängt (2021, S. 940). Aber auch die Aufrechterhaltung von täglichen Routinen, sorgen in dieser Krisenzeit für Struktur und Sicherheit für LP (Hidalgo-Andrade et al, 2021, S. 938). Poterpin hält regelmäßige „Entspannung und Regeneration" für essentiell (2021, S. 159). Aber auch die gesunde Ernährung spiele während der Pandemie eine Rolle (Hidalgo-Andrade et al, 2021, S. 938).

Professionelle Hilfe und Beratung

Der achte Aspekt ist die *professionelle Hilfe und Beratung (8.).* Bei langanhaltenden und tiefergehenden negativen Emotionen, wie z.B. Hoffnungslosigkeit, Ängste, Depression, usw. (Pate, 2020, S. 7) oder vor allem bei Doppel-

oder Mehrfachbelastung (Pate, 2020, S. 6) soll die Behandlung durch einen Psychiater oder Psychologen in Betracht gezogen werden (Hidalgo-Andrade et al, 2021, S. 938).

Anwendung spezieller gesundheitsfördernder Interventionen

Als neunter Aspekt wurden die *Anwendung spezieller gesundheitsfördernder Interventionen* zusammengefasst *(9.).* Kranebitter & Schiestl berichten über die Möglichkeit einer Bestandsaufnahme: Mithilfe des Inventars zur Erfassung von Gesundheitsressourcen im Lehrberuf (IEGL) nach Schaarschidt und Fischer. „Sie umfasst neben dem Engagement, der Widerstandskraft und dem Lebensgefühl auch das Erleben gesundheitlicher Beeinträchtigungen der Lehrer*innen sowie die Arbeitsverhältnisse an der Schule" (2021, S. 119). Weiterführend sollten die Resultate mit dem gesamten Team erörtert werden. Anschließend können gesundheitsförderliche Interventionen abgeleitet werden. Für weiterführende Informationen kann die im Quellenverzeichnis aufgeführte Literatur von Schaarschmidt und Fischer (2013) begutachtet werden.

Matiz et al., wandten in ihrer Studie einen 8-wöchigen Kurs in achtsamkeitsorientierter Meditation (MOM) an: Sowohl bei LP, mit einer anfänglich eingeschätzten geringen, als auch hohen Resilienz zeigten sich signifikante Verbesserungen bei Angst, Depression, affektiver Empathie, emotionaler Erschöpfung, psychologischem Wohlbefinden, interozeptivem Bewusstsein, Charaktereigenschaften und dem Achtsamkeitsniveau (2020, 9ff.). Auch die von Zadok-Gurman et al. angewandte IBSR-Intervention als Blended Learning verbesserte das subjektive und psychische Wohlbefinden deutlich signifikant im Vergleich zur Kontrollgruppe, in der es sogar abnahm (2021, S. 6). Außerdem ergab sich eine Zunahme an positiven Gefühlen und der Lebenszufriedenheit, eine Stärkung der Resilienz und die Achtsamkeit nahm zu (Zadok-Gurman et al., 2021, S. 7). Es fand eine weniger starke Zunahme an Erschöpfung statt. Allerdings ergaben sich keine Auswirkungen auf das Stressempfinden (Zadok-Gurman et al., 2021, S. 8). Ferren setzt sich für die Implementierung von sozialem und emotionalem Lernen (SEL) an Schulen ein (2021, S. 1).

Die Collaborative for Academic, Social, and Emotional Learning „(CASEL) definiert soziales und emotionales Lernen (SEL) als: Der Prozess, durch den alle jungen Menschen und Erwachsenen Wissen, Fähigkeiten und Einstellungen erwerben und anwenden, um eine gesunde Identität zu entwickeln, mit Emotionen umzugehen und persönliche Ziele zu erreichen, Empathie für andere zu empfinden und zu zeigen, unterstützende Beziehungen aufzubauen und aufrechtzuerhalten und verantwortungsvolle und fürsorgliche Entscheidungen zu treffen" (aus dem Englischen übersetzt, S. 1).

SEL hilft, die Stressoren des Lehrberufes zu managen und hilft den LP mit diesen umzugehen (Ferren, 2021, S.1). Es steigert das Wohlbefinden der LP und auch die soziale und emotionale Entwicklung der SuS, wenn es von LP unterrichtet wird, die selbst darin geschult sind. Schulleitungen mit SEL-Fähigkeiten, die diese auch innerhalb der Schule anwenden, haben ein besseres Schul- und Arbeitsklima vorzuweisen, was wiederum zu einem positiven Effekt auf die Effektivität der LP hat (Ferren, 2021, S. 5). Die SEL-Unterstützung für LP: Senkt das Stressniveau, verringert die Fluktuation, verbessert die Mitarbeiter*innenbeteiligung, erhöht die Fähigkeit ein gutes emotionales und soziales Vorbild für die SuS zu sein (Ferren, 2021, S.5). Ab Seite 6 werden von Ferren Vorschläge für die Umsetzung und Implementierung des SEL gegeben (2021). Teilweise müssten diese ggf. an die Rahmenbedingungen der Pflegeschulen in Deutschland angepasst werden, damit SEL in Pflegeschulen angewandt werden kann.

Kim et al., untersuchte welche beruflichen Ressourcen sich positiv auf die mentale Gesundheit und das Wohlbefinden

(MHWB) auswirkten. Drei berufliche Ressourcen verringerten die beruflichen Belastungen: Die soziale berufliche oder private Unterstützung, also der Kontakt zu anderen, Freundschaften im Kollegium aufbauen und über alles reden hatte den stärksten positiven Einfluss (2021, S. 14f.). Die Arbeitsautonomie, das Gefühl flexibel zu sein und die Kontrolle über die Arbeit und die Situation zu haben, hatten den zweitgrößten Einfluss (2021, S. 15f.). Und letztendlich führten individuelle Bewältigungsstrategien wie z.B. Sport, Heimwerken, Nutzung von Meditations-Apps, Pause machen (2021, S. 7f.; S. 16; S. 27, Tabelle 1) zu einer positiven Beeinflussung. Die Studienergebnisse von Chan et al. zeigen, dass alle drei beruflichen Ressourcen (Autonomie der LP, Verbundenheit mit der Schule und die Selbstwirksamkeit der LP) signifikante positive Zusammenhänge mit der Arbeitszufriedenheit der LP aufweisen (2021, S. 539). Eine hohe Arbeitszufriedenheit kann ebenfalls als ein Schutzfaktor fungieren und die Gesundheit der LP erhalten oder fördern. Darüber hinaus war die Verbundenheit mit der Schule negativ mit emotionaler Erschöpfung verbunden (2021, S. 539).

Bewältigungsstrategien nach dem COPE-Instrument nach Carver et al. (1989)

Wie bereits erwähnt, werden die Literaturquellen, die als *Instrument für ihre Studie eine COPE-Variante von Carver* et al. wählen im Anhang K nochmals separat in einer Tabelle aufgeführt. Diese werden als letzter und zehnter Aspekt zusammengefasst: *Bewältigungsstrategien nach dem COPE-Instrument nach Carver et al. (1989) (10.).* Klapproth et al. unterscheidet zwischen funktionalen/aktiven, zurückhaltenden, aber funktionalen Strategien und dysfunktionalen Bewältigungsstrategien (für genauere Information siehe Tabelle Anhang K) (2020, S. 447). Sie fanden heraus, dass mehr funktionale als dysfunktionale Strategien angewandt wurden. Je mehr Stress erlebt wurde, desto mehr Bewältigungsstrategien wurden angewandt, um die Situation zu meistern. Außerdem fand sich eine positive Korrelation zwischen funktionalen, sowie dysfunktionalen Strategien und dem Stresserleben der LP. Die Wahl der Strategien hing von dem jeweiligen Stressor ab und je länger sie im Home-Office arbeiteten, desto eher wandten sie funktionale Bewältigungsstrategien an. Frauen wendeten häufiger funktionale Bewältigungsstrategien als Männer an, waren insgesamt aber auch gestresster, ggf. aufgrund der Mehrfachbelastung (2020, S. 447ff.; S. 449, Tabelle 2). Nach MacIntyre et al. zeigen die Korrelationen, dass positive psychologische Ergebnisse (Wohlbefinden, Gesundheit, Glück, Resilienz und Wachstum während des Traumas) positiv mit der Annäherungsbewältigung und negativ mit der Vermeidungsbewältigung korrelierten (2020, S.1). Vermeidungsstrategien tendieren eher zu dysfunktionalen

Reaktionen wie Verleugnung, Ablenkung oder Substanz-konsum (2020, S. 3). Die Vermeidungsstrategien nahmen mit zunehmendem Stress zu (2020. S. 1). Die am häufigs-ten bei MacIntyre et al. angewandte Bewältigungsstrategie war Akzeptanz, gefolgt von Vorausplanung, Umstrukturie-rung, aktiver Bewältigung der Situation und Ablenkung durch Arbeit oder andere Aktivitäten (2020, S. 7). Zu den am wenigsten häufig verwendeten Strategien gehörten Rückzug, Drogenmissbrauch und Verleugnung, die alle als Vermeidungsstrategien gelten (2020, S. 7). LP, die häufi-ger Vermeidungsbewältigungsstrategien angewendet ha-ben auch ein progressiv höheres Niveau an wahrgenom-menem Stress, Ärger, Traurigkeit, Einsamkeit und Angst, wobei die kausale Abfolge unklar ist (2020, S. 8). Vermei-dungsstrategien bringen nur kurzzeitig Entlastung und auf Dauer gefährden sie eher die Gesundheit indem sie mehr Stress und Angst erzeugen und nicht zur Problemlösung beitragen. Boyes hat bereits 2013 neun Ratschläge erstellt, um die Anwendung von Vermeidungsstrategien zu redu-zieren oder sogar zu vermeiden. Die ausführlichen Infor-mationen darüber sind der Literaturquelle des Literaturver-zeichnisses zu entnehmen. In der Studie von Shen & Slater war hingegen das Ablenkungsverhalten die häufigste an-gewandte Strategie (2021, S. 87). Die meisten LP setzten jedoch insgesamt ebenfalls positive Strategien ein: Emotionale Unterstützung, aktive Bewältigung, Planung, positives Reframing (Situation aus unterschiedlichen Perspektiven betrachten), Übungen, Zeitmanagement, Akzeptanz, um den Stress zu reduzieren und die Gesundheit und das Wohlbefinden zu schützen (2021, S. 83, S. 89). Vor allem Akademiker*innen neigen wohl eher dazu positive Strategien anzuwenden, dazu bedarf es allergings weitere Forschungen (2021, S.90). Weniger verwendete negative Strategien waren z.B. der Alkoholkonsum, Substanzmissbrauch, das Rauchen und ungesunde Ernährung (2021, S. 83, S. 89). Im Gegensatz zu den Aussagen der meisten anderen Forschenden, die in diese Ausführungen miteinfließen, wurde hierbei die instrumentelle Unterstützung als Bewältigungsmöglichkeit kaum genannt (2021, S. 87). Auch die Ausübung des Glaubens spielte eine untergeordnete Rolle bei den Teilnehmenden (2021, S. 87). Shen & Slater betonen, dass beruflicher Stress einen signifikanten Einfluss auf die psychische Gesundheit und das emotionale Wohlbefinden haben (2021, S. 91). Die Bewältigungsstrategien wurden in dieser Studie allerdings nicht signifikant mit der psychischen Gesundheit von Akademikern in Verbindung gebracht (20201, S. 90). Positives Reframing und akzeptierende Bewältigungsstile beeinflussten hingegen zumindest das emotionale Wohlbefinden, allerdings ist die Richtung der Korrelation bzw. die Kausalität unklar

(2021, S. 90). Auch in der Studie von Abas wurde festgestellt, dass Annäherungsstrategien häufiger als Vermeidungsstrategien verwendet werden (2021, S. 9f., Tabelle 6
& 7): Die höchsten Mittelwerte der Annäherungsstrategien
erzielten: „Die Pandemie als Realität akzeptieren", „etwas
Gutes aus der Situation ziehen", „ich habe Maßnahmen er-
griffen, um die Situation zu verbessern". Die höchsten Mittelwerte der Vermeidungsstrategien erzielten: „Der Arbeit
oder anderen Aktivitäten zugewandt, um mich abzulenken", „etwas anderes tun, um weniger daran zu denken,
z.B. im Internet surfen, TV sehen, lesen, Tagträumen,
Schlafen, Shoppen, „Negative Gefühle ausdrücken" (2021,
S. 11). Wichtig dabei zu erwähnen ist, dass Schlafen oder
die Ausübung von Hobbys nicht per se negativ sind und als
Vermeidungsstrategien gelten. Falls sie jedoch angewandt
werden, um sich bewusst nicht mit den Herausforderungen
zu beschäftigen und sie dabei helfen sollen die pandemische Lage zu verdrängen, können sie als negativ angesehen werden. Die Ergebnisse der von Abas durchgeführten
Regressionsanalyse ergaben insgesamt keinen signifikanten Einfluss der Bewältigungsstrategien auf das Stressniveau der Befragten (2021, S. 15). Lediglich ein signifikanter
Einfluss der Bewältigungsstrategien auf das Stressniveau
wurde bei alleinstehenden Frauen zwischen 25 – 35 Jahren identifiziert (2021, S. 16f., Tabelle 14). Dazu muss gesagt werden, wie auch schon Klapproth et al. erkannten

(2020, S. 449), fand Abas ebenfalls heraus, dass sich Frauen insgesamt belasteter und gestresster fühlten als Männer (2021, S. 16). Hidalgo-Andrade et al. stellten dazu fest, dass Burnout negativ mit der Anwendung von positiven und aufgabenorientierten Strategien korrelieren, es gibt aber keinen Zusammenhang zwischen Burnout und negativen Strategien, z.B. Vermeidungsstrategien gibt (2021, S. 940). Außerdem erhalten viele LP ihr emotionales Wohlbefinden durch Aktivitäten, die direkt mit ihrer Arbeit und der Verbesserung ihrer Unterrichtsqualität zusammenhängen. Diese Aktivitäten könnten eine Form der Problemlösung sein, die in einem negativen Zusammenhang mit Stress steht (2021, S. 940).

6 Gesundheitskompetenz fördern: Integratives Rahmenmodell zu Belastungen, Ressourcen und Folgen der Lehrerbeanspruchung nach Cramer, Friedrich & Merk (2018) am Beispiel einer BFS für Pflege während der Corona-Pandemie

Zu Beginn dieses Kapitels wird kurz der Begriff der „Gesundheitskompetenz" erklärt. Anschließend wird das *Integrative Rahmenmodell zu Belastungen, Ressourcen und Folgen der Lehrerbeanspruchung* nach Cramer, Friedrich

& Merk (2018) vorgestellt. Das Ziel dieses Kapitels ist die Zusammenfassung der gewonnenen Informationen aus den Kapiteln 4.3 und 5.2. Anhand des bereits bestehenden Integrativen Rahmenmodells sollen die hauptsächlichen Belastungen, deren Folgen und die gesundheitsförderlichen Möglichkeiten für LP während der Pandemie visualisiert dargestellt werden. Letztendlich soll das auf die pandemische Situation der LP angepasste Modell ein Repertoire an gesundheitsförderlichen Interventionen aufführen, die aus der systematischen Literaturrecherche ersichtlich wurden. Die Visualisierung soll es LP, Schulleitungen und Bildungseinrichtungen ermöglichen, auf einen Blick zu erkennen, welche gesundheitsförderlichen und krankheitspräventiven Möglichkeiten es für die besonderen Herausforderungen der Pandemie gibt. Entsprechend der individuellen Belastungen, Vorlieben und Bedürfnisse können sie sich Ansätze heraussuchen, die sie anschließend anwenden möchten. Es ist wichtig zu erwähnen, dass die im selbst visualisierten Modell genannten Belastungen, Folgen und Ressourcen bzw. gesundheitsförderliche Maßnahmen nicht als vollständig zu betrachten sind. Im Gegenteil soll eher dazu angeregt werden, die individuellen Herausforderungen der eigenen Pflegeschule zu erfassen und zu reflektieren welche individuell angepassten Interventionen zu einer gesundheitsförderlichen Arbeitsumgebung für die LP beitragen. Diese Reflexion sollte am besten gemeinsam mit dem gesamten Team erfolgen, um die Partizipation zu ermöglichen und möglichst allen Beteiligten gerecht zu werden. Außerdem können so umso vielfältigere Interventionen erörtert und zusammengetragen werden. Außerdem sollte das Modell auch ein Denkanstoß für jede einzelne LP sein. Sie sollten sich selbst hinterfragen, welche Belastungen sie erleben und wie sie persönlich für ihr Wohlergehen sorgen können. Weiterführend kann z.B. mithilfe des bereits erwähnten *Inventars zur Erfassung von Gesundheitsressourcen im Lehrberuf (IEGL)* nach Schaarschidt und Fischer kann eine ausführliche Reflexion durchgeführt werden.

Das übergeordnete Ziel ist eine Förderung der Gesundheitskompetenz von Bildungseinrichtungen, in diesem Fall von Pflegeschulen und ihrer LP. Nur eine anhaltende und kontinuierlich geförderte Gesundheitskompetenz, angepasst an die sich zum Teil stetig ändernden pandemischen Bedingungen, kann dazu führen, dass Pflegeschulen und ihre LP deren Gesundheit und Wohlbefinden in den Mittelpunkt stellen. Systematisch sollte die Förderung des Wohlergehens in den Alltag integriert werden, damit sie letztendlich auch tatsächlich, ohne weitere Anstrengung gelebt wird. Zu Beginn erfordert die Selbstreflexion und die Suche nach gesundheitsförderlichen Lösungsansätzen ggf. etwas

Mühe. Ansonsten ist es möglich, dass der Prozess vorerst von negativen Emotionen begleitet wird, weil offen über die eigenen Stressoren und der vielleicht schon aufgetretenen gesundheitlichen Auswirkungen reflektiert wird. Trotz all der etwaigen Unannehmlichkeiten lohnt es sich, eine durchaus erreichbare dauerhafte Verbesserung des eigenen Wohlseins aktiv anzustreben.

> Die Gesundheitskompetenz wird auch als „Health Literacy" bezeichnet und sie „umfasst das Wissen, die Motivation und die Kompetenzen von Menschen in Bezug darauf, relevante Gesundheitsinformationen in unterschiedlicher Form zu finden, zu verstehen, zu beurteilen und anzuwenden, um im Alltag in den Bereichen der Krankheitsbewältigung, der Krankheitsprävention und der Gesundheitsförderung Urteile fällen und Entscheidungen treffen zu können, die die Lebensqualität im gesamten Lebensverlauf erhalten oder verbessern" (Bitzer & Sørensen, 2018, 754).

Dabei ist es wichtig zu verstehen, dass die Gesundheitskompetenz eine nicht angeborene, sondern erlernbare Fähigkeit ist, die sich dynamisch verändert und auch nicht in allen Bereichen gleichmäßig vorhanden sein muss. Eine Person kann in bestimmten gesundheitlichen Problemsituationen eine hohe Kompetenz aufweisen, in anderen hingegen nicht (Bitzer & Sørensen, 2018, 754f.). Im klinischen

73

Verständnis wird die Gesundheitskompetenz als eine Ressource angesehen. Aus der Sicht des Public-Health sogar als eine „Lebenskompetenz", die die Menschen befähigt und empowert sich gesundheitsförderliche Umgebungen, z.B. privat oder am Arbeitsplatz zu schaffen (Stock, 2018, S. 3). Die Corona-Pandemie stellt eine bisher unvergleichliche gesundheitsbedrohliche Situation für die Gesellschaft, aber auch für die LP in Deutschland dar. LP könnten somit, vor allem zu Beginn der Pandemie oder aufgrund der sich häufig wechselnden staatlichen Vorgaben, eine mangelnde Gesundheitskompetenz in diesen speziellen Situationen, mit ihren neuen Herausforderungen, aufweisen.

Cramer, Friedrich und Merk erstellten das *Integrative Rahmenmodell zu Belastungen, Ressourcen und Folgen der Lehrerbeanspruchung* auf der Grundlage bereits bestehender Modelle, Theorien, Konstrukte und Forschungsergebnisse zu Belastungen und Beanspruchungen (2018, S. 3). Hierzu zählen beispielsweise das *Job Characteristics Model (JCM)* nach Hackman & Oldham (1980), das *Rahmenmodell der Belastung und Beanspruchung im Lehrerberuf* nach Rudow (1994), das *Transaktionale Stressmodell* nach Lazarus (1995), dem allgemeinen Wirkmodell zur Lehrerbelastung (2008), usw. (2018, S. 4).

Das Ziel war eine Integration und Verbindung von bisherigen Forschungsergebnissen. Das Modell „macht auf die spezifischen Fokusse und damit verbundenen konzeptionellen Vorteile bzw. Stärken der einzelnen Ansätze aufmerksam und ermöglicht damit einen breiteren Blick auf das Forschungsfeld insgesamt" (Cramer, et al., 2018, S. 15f.). In der nachfolgenden Abbildung auf der nächsten Seite wird das Integrative Rahmenmodell vorgestellt:

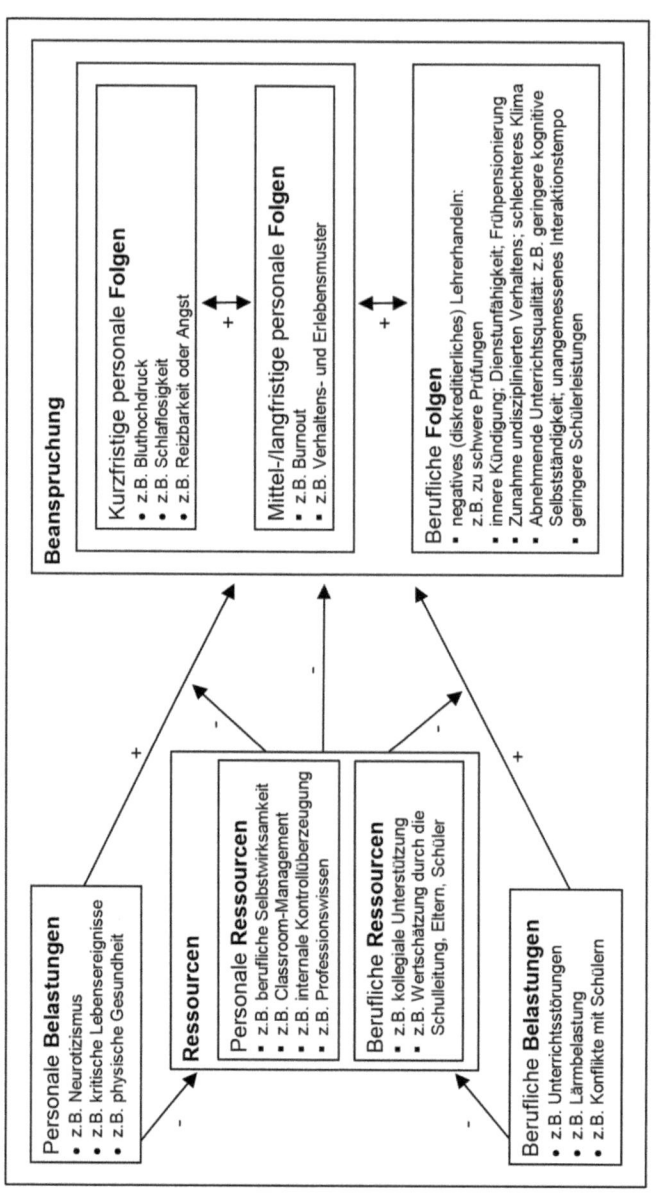

Abbildung 1: Integratives Rahmenmodell zu Belastungen, Ressourcen und Folgen der Lehrerbeanspruchung nach Cramer, Friedrich und Merk (2018); Quelle: Cramer, Friedrich & Merk, 2018, S. 14

In der Abbildung 1 ist zu sehen, dass sich die personalen und beruflichen Belastungen negativ auf die vorhandenen individuellen Ressourcen der LP auswirken. Anhaltende Belastungen können zu einer Beanspruchung und zu kurz-, mittel- oder langfristigen personalen oder beruflichen Folgen führen. Die Ressourcen der LP können jedoch zu einer Abmilderung der Belastungen und letztendlich auch der Beanspruchung führen und ggf. negative Folgen verhindern. Die soeben erfolgte kurze Erklärung kann die tiefergehende Komplexität des Modells nicht erfassen. Sie ist jedoch vorerst für den Zweck der Erstellung des eigenen Rahmenmodells, bezogen auf die Belastungen, Ressourcen und Folgen der Pandemie auf die LP von Pflegeschulen ausreichend. Für tiefgründigere Informationen sollte die Veröffentlichung von Cramer, Friedrich und Merk begutachtet werden.

Nachfolgend wird nun die eigene Darstellung in Anlehnung an das Integrative Rahmenmodell nach Cramer, Friedrich und Merk (2018) vorgestellt. Es beinhaltet die aus der systematischen Literaturrecherche gewonnenen Informationen. Die selbst gebildeten Kategorien der gesundheitsfördernden Aspekte stellen die Ressourcen dar:

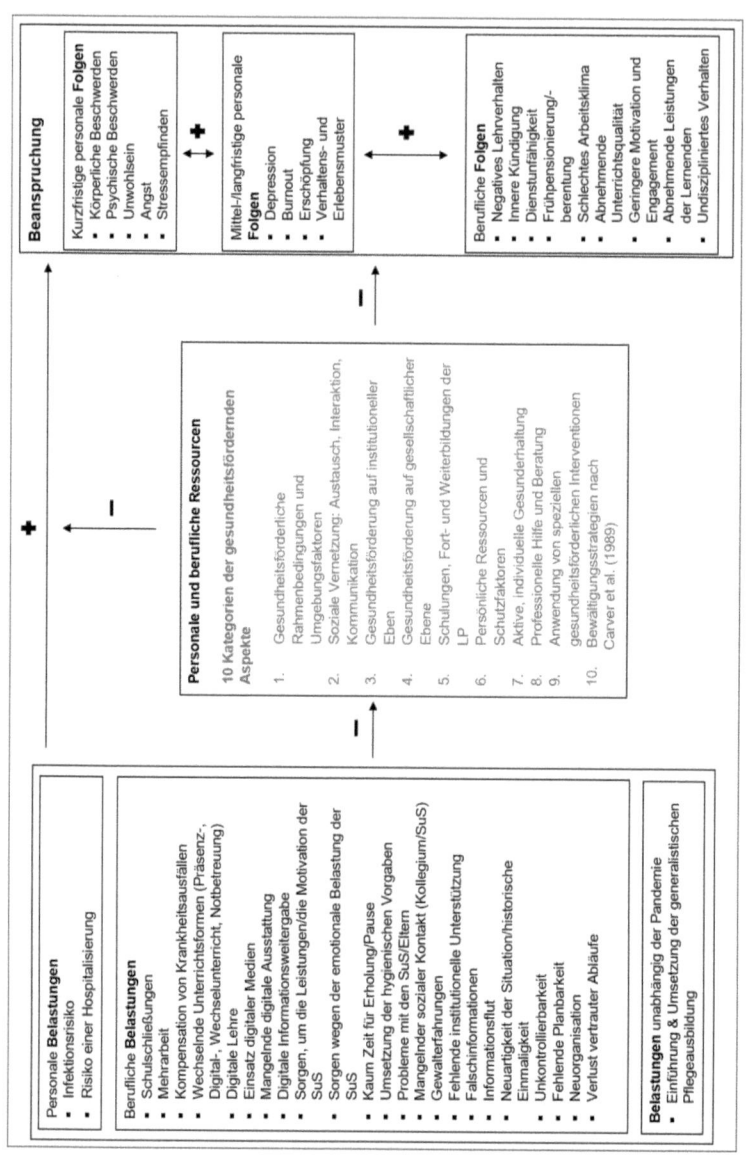

Abbildung 2: Integratives Rahmenmodell zu Belastungen, Ressourcen und Folgen der Lehrerbeanspruchung von Lehrenden an Pflegeschulen während der Corona-Pandemie; Quelle: Eigene Darstellung (2021) in Anlehnung an das Integrative Rahmenmodell nach Cramer, Friedrich & Merk, 2018, S. 14

Dem Modell wurde eine Belastungsform hinzugefügt. Die Belastung, die aktuell unabhängig der Pandemie auf die LP von Pflegeschulen einwirkt ist die Einführung und Umsetzung der generalistischen Pflegeausbildung, mitsamt ihren vielfältigen und komplexeren Aufgaben. Grundsätzlich kommen noch die zusätzlichen, auch vorher schon bestehenden Belastungen hinzu. Aus Gründen der Übersichtlichkeit wurden diese nicht mit in die Visualisierung miteingefügt. Eine Aufteilung der zehn Kategorien der gesundheitsfördernden Aspekte auf personale und berufliche Ressourcen erscheint nicht sinnvoll. Die kategorisierten Aspekte enthalten sowohl personale, als auch berufliche Interventionsmaßnahmen, Schutzfaktoren und Ressourcen. Zur besseren Veranschaulichung wurde auch hier auf eine weitere Differenzierung verzichtet. Die ausführliche Beschreibung der gesundheitsfördernden Maßnahmen findet unter dem Gliederungspunkt 5.2 statt, des Weiteren kann zusätzlich der Anhang J & K begutachtet werden. Die personalen und beruflichen Folgen unterscheiden sich laut der identifizierten Literatur kaum (siehe Kapitel 4.3 und 5.2), von den bisherigen Auswirkungen, sodass diese zusätzlich aus dem ursprünglichen Integrativen Rahmenmodell übernommen wurden. Dazu ist anzumerken, dass aufgrund der Aktualität der Thematik ggf. mittel- oder langfristige Folgen der Beanspruchung durch die Pandemie noch nicht ausreichend erkannt wurden.

7 Diskussion der Erkenntnisse

In diesem Kapitel sollen die durch die systematische Literaturrecherche gewonnenen Erkenntnisse diskutiert werden. Bei der Recherche ist ein Ergebnis sehr deutlich geworden: Die Pandemie dauert mittlerweile fast zwei Jahre an und es gibt inzwischen eine Vielzahl von Interventionsansätzen, die sich auf die Gesundheitsförderung beziehen. Deutlich wurde aber auch, dass sich die Meisten nicht speziell an LP und ihren beruflichen Alltag richten, sondern an alle Personen in der Gesellschaft, an Pflegende, Studierende, usw. Oder es ließen sich Ansätze identifizieren, die zwar an LP gerichtet waren, aber unabhängig von der Covid-19-Pandemie bereits bestanden. Bei der Durchsicht der 28 identifizierten Literaturquellen wurde ersichtlich, dass bestimmte gesundheitsförderliche Maßnahmen von mehreren Forschenden genannt wurden. Diese wurden in die Kategorien der gesundheitsfördernden Aspekte eingeteilt, um den einzelnen Interventionen einen Überbegriff zu verleihen und um die Inhalte zusammenzutragen. Um etwaige Forschungslücken zu identifizieren wurde eine einfache Konzeptmatrix in Anlehnung an Webster &

Watson (2002) erstellt (Anhang L). Es soll betrachtet werden, wie häufig die einzelnen zusammengefassten Aspekte (1. – 10.) von den Forschenden in der ausgewählten Literatur betrachtet wurden. Dabei ist zu berücksichtigen, dass lediglich die wesentlichen Inhalte zu gesundheitsfördernden Maßnahmen, die erforscht wurden, als Nennung in die Auswertung der Tabelle (Anhang L) miteinfließen. In den betrachteten Literaturquellen nimmt der Aspekt der *Gesundheitsförderung auf institutioneller Ebene* den größten Stellenwert ein. 15 Literaturquellen befassen sich mit diesem Aspekt. Weiterhin umfassend werden die Bereiche der *sozialen Vernetzung* (13x)*, die Stärkung der persönlichen Ressourcen und Schutzfaktoren* (12x), die *gesundheitsförderlichen Rahmenbedingungen und Umgebungsfaktoren* (10x) und die *Schulungen, Fort- und Weiterbildungsangebote für LP* (9x) seitens der Forschenden betrachtet. Mittelmäßige Aufmerksamkeit erhalten die aktive und individuelle Gesundheitserhaltung (6x) oder die *Anwendung spezieller gesundheitsförderlicher Interventionen* (4x), wie etwa der IBSR-Intervention (Zadok-Gurmann, et al. 2021) oder der MOM (Matiz et al., 2020). Um noch mehr Beispiele für aktive und individuelle Möglichkeiten zu erhalten, könnten zukünftig mehr qualitative Forschungsdesigns verwendet werden, sodass die LP frei von ihren persönlichen Interventionen berichten können. Allerdings kann dadurch auch ggf. die Verallgemeinerung und Übertragbarkeit auf andere geographische Räume oder LP von anderen Schulformen verringert werden. Kaum betrachtet wurden hingegen gesundheitsförderliche *Interventionen auf gesellschaftlicher Ebene* (2x). Dies könnte hauptsächlich daran liegen, dass sich die gesellschaftliche Akzeptanz und die Erwartungen gegenüber dem Bildungssystem zwar grundlegend ändern bzw. verbessern sollten (Canadian Teachers` Federation, 2020, S. 20ff.; Chan et al., 2021, S. 540), dies jedoch ein langwieriger Prozess ist und die daraus resultierenden Interventionen für die LP in der aktuellen pandemischen Lage mit ihren akuten Belastungen keine sofortige Entlastung darstellt. Auch die *Hilfe und Beratung durch professionelle Fachpersonen* wurde von nur zwei Literaturquellen aufgegriffen. Angesichts der Tatsache, dass sich die aktuellen beruflichen Belastungen der LP nachhaltig und schwerwiegend auf die Gesundheit der betroffenen LP auswirken können (siehe

Gliederungspunkt 4.3), sollte die Anbietung professio-neller Möglichkeiten seitens der Forschenden immer einen hohen Stellenwert einnehmen. Allerdings deutet dies auch darauf hin, dass bisher wenige der befrag-ten LP professionelle Hilfe in Anspruch nahmen. Vier Studien verwenden Instrumente der COPE-Skala nach Carver et al., 1989 oder nach Carver 1997 bzw. ein erstelltes eigenes Instrument in Anlehnung an COPE (Anhang K). Die in den Unterskalen von COPE erwähnten Bewältigungsstrategien wurden nicht in die Tabelle (Anhang J) *Kategorien gesundheitsfördernder Aspekte* mit aufgeführt. Sie wurden somit auch nicht in die Zählung der Nennungen der Tabelle mitaufge-führt. Die Ergebnisse der Bewältigungsstrategien die-ser Literaturquellen werden separat in einer Tabelle *(Anhang K)* dargestellt. Insgesamt ist anzumerken, dass die identifizierten und zusammengetragenen As-pekte (1. – 9.) nicht separiert betrachtet werden dür-fen. Die gesundheitsförderlichen Maßnahmen weisen beispielsweise eine wechselseitige Beeinflussung oder Korrelationen auf oder bedingen sich möglich-weise sogar gegenseitig. Beispielsweise sind *gesund-heitsförderliche Rahmenbedingungen und Umge-*

bungsfaktoren (1.), wie etwa der Ausbau und die Implementierung von technischer und digitaler Infrastruktur und Rahmenbedingungen nur durch *institutionelles Eingreifen* (3.) und die Bereitstellung der finanziellen und materiellen Ressourcen möglich. Nur durch ein Zusammenspiel aller Bereiche lässt sich ein dauerhaftes und wirksames gesundheitsförderliches und krankheitspräventives System für Bildungseinrichtungen entwickeln.

Da keine Interventionen speziell für die LP an Pflegeschulen identifiziert werden konnten, muss letztendlich die Frage beantwortet werden, ob die gesundheitsförderlichen Ansätze auf die LP von Pflegeschulen übertragbar sind. Dazu müssen vor allem das methodische Vorgehen und die Teilnehmer*innen der Studien genauer betrachtet werden. Als Übersicht kann erneut die Tabelle *Vergleich der allgemeinen Informationen und des methodischen Vorgehens der Literaturergebnisse* (Anhang I) dienen. In vielen Studien wurden demographische persönliche Informationen der Studienteilnehmer*innen erfasst, beispielsweise das Alter, Geschlecht, Dauer der ausgeführten Lehrtätigkeit, usw. (z.B. Matiz et al., 2020, S. 1; Sokal et al., 2020, S. 69; Kumpikaitė-Valiūnienė et al., 2021,

S. 8; Zadok-Gurman et al., 2021, S. 5). Da durch eine Internetrecherche nicht festgestellt werden konnte, wie die jeweiligen Verteilungen der persönlichen Daten bei den LP an Pflegeschulen in Deutschland sind, muss ein Übertrag der in den Studien herausgefundenen gesundheitsförderlichen Ansätze kritisch betrachtet werden. Ggf. ist es nicht möglich, weil bestimmte Ansätze mit einem bestimmten Geschlecht oder Alter korrelieren, auch, wenn z.B. Zadok-Gurman et al. nach einer Analyse keine Unterschiede der Ausgangswerte aufgrund des Geschlechtes oder Alters entdecken konnten (2021, S. 9). Kritisch betrachtet werden muss auch die Tatsache, dass die Daten auf Selbstauskünften beruhen (z.B. Sokal et al, 2020, S. 73). Die Teilnehmer*innen der Studien konnten selbst entscheiden, ob sie teilnehmen wollen, d.h. sie hatten zumindest ein gewisses Interesse an der Thematik und wollten sich mitteilen. Es ist somit nicht auszuschließen, ob die nicht teilgenommenen Personen ggf. anders geurteilt hätten (Sokal et al, 2020, S. 73.). Beispielsweise ist es möglich, dass LP mit bereits bestehenden psychischen Problemen, z.B. in einem höheren Stadium der Erschöpfung, Burnout, Depression oder Angststörung gar nicht an den Studien teilnahmen, weil die Teilnahme selbst ein zusätzlicher Stressor für sie darstellen könnte. Eine weitere Limitation der Ergebnisse ist, dass einige Forschende betonen, dass lediglich Korrelationen und keine Kausalitäten abgebildet werden können oder die Richtung der Beeinflussung unklar ist (Shen & Slater, 2021, S. 90; Dreer & Kracke, 2021, S. 60). Die meisten Forschenden entschieden sich für ein quantitatives Forschungsdesign und erfassten die Bewältigungsstrategien mithilfe von standardisierten Fragen in Umfragen oder Skalen, z.B. den Brief-COPE nach Carver (1997). Zukünftig wären mehr qualitative Ansätze wünschenswert, vor allem mit LP von Pflegeschulen als Teilnehmende. Zukünftige Forschungen sollten sich darauf fokussieren, welche der Bewältigungsstrategien tatsächlich zu einer signifikanten Gesundheitsförderung beitragen. Grundsätzlich scheinen die gewählten Instrumente der Forschenden zur Erhebung der Daten sinnvoll. Damit gesundheitsförderliche Interventionen auch tatsächlich dem individuellen Gesundheitsempfinden der LP dienen können, müssen sich diejenigen äußern, die von der potentiell gesundheitsgefährdenden pandemischen Situation im System Schule betroffen sind. Beispielsweise wäre es ist nicht ausreichend LP bei ihrer täglichen Arbeit zu beobachten, es ist entscheidend sie zu Wort kommen zu lassen und ihre Bedürfnisse und förderlichen Ansätze auf- und ernst zu nehmen und diese zukünftig in den Alltag zu integrieren, um eine gesundheitsförderliche und krankheitspräventive Umwelt für LP zu gestalten.

8 Schlussfolgerungen

In diesem letzten Teil der vorliegenden Arbeit wird zunächst das eigene methodische Vorgehen kritisch bewertet, anschließend wird darüber reflektiert ob die Forschungsfrage dieser Arbeit beantwortet werden konnte. Abschließend werden weitere Vorschläge für zukünftige Forschungen bezüglich der Thematik gemacht.

Die Suche nach Literatur wurde bewusst großflächig, unter Einbezug mehrerer Recherchequellen durchgeführt, da anfangs vermutet wurde, dass aufgrund der Aktualität der Thematik kaum verwertbare Informationen gefunden werden würden. Im weiteren Verlauf zeigte sich, dass unter Einbezug der gewählten Ein- und Ausschlusskriterien, tatsächlich keine speziellen gesundheitsfördernden Maßnahmen für die LP an Pflegeschulen gibt. Nachdem weitefführend insgesamt viele Quellen identifiziert wurden, die einen

möglichen Übertrag der Interventionen auf die Pflegeleh-
rer*innen annehmen ließen, wurde die weitere Suche in
Google scholar eingestellt. Die Suche nach weiteren Ergebnissen hätte den zeitlichen Erarbeitungsrahmen dieser
Arbeit und die vorgegebene Seitenanzahl noch weiter aus-
gedehnt. Es kann also hierbei nicht ausgeschlossen werden, dass passende Literatur unentdeckt blieb. Zukünftig
erscheint es deshalb sinnvoll, sich auf die Ergebnisse mit
einer höheren Evidenz zu konzentrieren und beispielsweise Literatur ohne Peer-Reviewed-Status auszusortie-
ren. Dazu muss allerdings gesagt werden, dass keine systematische Übersichtsarbeit oder Meta-Analyse bezüglich
der Thematik entdeckt werden konnte. Mögliche Gründe
dafür sind die Aktualität der Thematik und die angewandten Ein- und Ausschlusskriterien. Bei zukünftigen Recher-
chen könnten der Einschluss von kostenpflichtiger und an-
derssprachiger Literatur bessere Ergebnisse mit einer höheren Evidenz liefern. Kritisch anzumerken ist, dass die
Recherche über einen längeren Zeitraum, mit Unterbrechungen, durchgeführt wurde. Es ist dabei nicht auszuschließen, dass innerhalb des Recherchezeitraumes weitere passende Ergebnisse in schon durchsuchten Recherchequellen veröffentlicht wurden und sie deshalb nicht in
diese Arbeit miteingeflossen sind. Auch kritisch zu betrachten ist die Tatsache, dass die Forward-Search lediglich mithilfe von *Google scholar* durchgeführt wurde. Es ist nicht

auszuschließen, dass weitere passende Veröffentlichungen unentdeckt blieben. Zukünftig könnte z.B. mithilfe der jeweiligen Herausgeber der Texte und Studien, beispielsweise die jeweilige Datenbank oder die Fachzeitschrift eine Forward-Search zusätzlich betrieben werden.

Die anfänglich gestellte Forschungsfrage, *welche Interventionsansätze zu einer Gesundheitsförderung der Lehrenden an einer Berufsfachschule für Pflege während der Corona-Pandemie beitragen könnten,* kann letztendlich nicht abschließend geklärt werden, da keine Literatur ausfindig gemacht werden konnte, die sich mit dieser speziellen Thematik befasste. Letztendlich kann gesagt werden, dass Studien, die international die pandemisch bedingten Stressoren und Bewältigunsstrategien von LP untersuchten, z.B. MacIntyre et al. (2020) oder Kwatubana & Molaodi (2021, S. 106ff.) den Schluss zulassen, dass trotz unterschiedlicher Organisationen des Systems Schule in den einzelnen Ländern, größtenteils alle LP von ähnlichen Bedingungen, beispielsweise Schulschließungen, die Umstellung auf digitale Fernlehre und die Einhaltung hygienischer Vorschriften, betroffen waren. Daraus resultieren, laut den Studien, auch ähnliche Belastungen und Herausforderungen, sodass sowohl die Stressoren, als auch die angewandten gesundheitsförderlichen Interventionsansätze und Bewältigungsstrategien größtenteils vergleichbar sind und auf andere Länder, Schularten und LP übertragbar werden können. Es lässt sich somit eine Übertragbarkeit vieler gesundheitsförderlicher Maßnahmen auf die LP an BFS für Pflege annehmen. Dazu soll gesagt sein: „Coping-Strategien sind so vielseitig wie die Personen, die sie anwenden" (Kapitany et al., 2021, S. 48). Nicht jeder gesundheitsförderliche Ansatz ist somit für jeden Menschen gleich sinnvoll oder überhaupt ihrer Gesundheit zuträglich. Entscheidend für eine tatsächliche positive Beeinflussung des psychischen und physischen Wohlbefindens ist die richtige und individuelle Auswahl und Anwendung der zur Verfügung stehenden Möglichkeiten. Bereits vor der Pandemie ist Herr Schmal der Ansicht: „Lehren ist [...] eine Entwicklungsaufgabe" (2017, S. 45). Die Weiterentwicklung von Kompetenzen und der eigenen Lehrprofessionalität ist ein komplexer fortwährender Prozess und die Fähigkeit zur Selbstreflexion ist deshalb unabdingbar (Schmal, 2017, S. 45). Bezogen auf die neuen pandemischen Veränderungen und Herausforderungen bedeutet das auch, sich selbst mitsamt seinem Wohlbefinden und der Gesundheit zu reflektieren und zu eruieren, ob gesundheitsfördernde Interventionen notwendig sind. Denn auch die Weiterentwicklung der eigenen Gesundheitskompetenz sollte vor allem in pandemischen Zeiten als Professionalisierungsprozess verstanden werden. Hilfreich dazu kann das selbst erstellte Integrative Rahmenmodell zu Belastungen, Ressourcen und Folgen der Lehrerbeanspruchung von LP an Pflege-schulen während der Corona-Pandemie, in Anlehnung an das Integrative Rahmenmodell nach Cramer, Friedrich & Merk (2018) (Abbildung 2) sein. Es kann kein Patentrezept zur Gesundheitsförderung für alle Bildungseinrichtungen und für alle LP geben. Frau Küng beschreibt es als ein „Bausteinprinzip" (2020, S. 24), bei dem sich jede Schule und jede einzelne LP die für sie geeigneten Bausteine her-auspickt. Diese sind ggf. auch nicht auf Dauer effizient, sondern müssen entsprechend der neuen Herausforderun-gen immer wieder angepasst werden (Küng, 2020, S. 24). Burow beschreibt es so: „Schulen müssen vor dem Hinter-grund ihrer besonderen Situation vor Ort, ihres besonderen Kollegiums und ihrer besonderen Schülerschaft diejenigen Lösungen finden bzw. schrittweise entwickeln, die für ihre spezifische Konstellation geeignet sind" (2021, S. 68). Eine Vielzahl von Faktoren, die miteinander interagieren und sich gegenseitig beeinflussen, können eine individuelle Be-lastungserfahrung der einzelnen LP hervorrufen. D.h. jede LP empfindet unterschiedliche Bedingungen als herausfor-dernd. Weiterführend, führt nicht jede empfundene Belas-tung letztendlich zu einer Gesundheitsgefährdung. Ent-scheidend sind die jeweiligen gesundheitsfördernden und krankheitspräventiven Ressourcen, die jeder LP ebenfalls sehr individuell zur Verfügung stehen. Das bedeutet wie-derum, dass die hier aufgeführten Interventionsansätze nur mögliche Vorschläge darstellen. Letztendlich obliegt es der jeweiligen BFS für Pflege und vor allem ihren Mitarbeiter*innen, die für sie geeigneten Lösungen für die jeweiligen Herausforderungen zu finden, zu etablieren und damit einen Teil zur Schulentwicklung beizutragen. Eine Umsetzung der Maßnahmen auf verschiedenen Ebenen ist entscheidend. Sowohl die Rahmenbedingungen, also die Umwelt der LP, als auch die Schulleitungen und die LP selbst sind für die Gesundheitsfürsorge gemeinsam verantwortlich.

Damit die Forschungsfrage zukünftig beantwortet werden kann ist es notwendig, dass die LP von den Pflegeschulen in Deutschland in den Fokus des Forschungsinteresses rücken. Ihre spezifischen Belastungen, gesundheitlichen Folgen und gesundheitsförderlichen Interventionen sollten, wie in den hier verwendeten Studien, sowohl mit einem qualitativen, als auch quantitativen Forschungsdesign erfasst werden. Weiterführend sollten dazu Längsschnittstudien, auch bezogen auf die Wirksamkeit der Interventionsansätze, durchgeführt werden. Ebenfalls eruiert werden sollten Faktoren und Rahmenbedingungen, die für eine erfolgreiche Implementierung von gesundheitsförderlichen Ansätzen an einer BFS für Pflege notwendig sind. Des Weiteren wäre eine Metaanalyse bisheriger Studienergebnisse zu den Interventionsansätzen für LP wünschenswert, ggf. bieten die Erkenntnisse auch einen Mehrwert für die LP der Pflegeschulen.

„If we dont´t address teacher welfare, we are going to have more collateral problems than answers to this crisis" (Doucent, Netolicky, Timmers & Tuscano, 2020, S.10).

9 Literaturverzeichnis

Abas Jr., R. P. (03.10.2021). *Coping Strategies' Influence on the Teachers' Stress and Motivation Levels During the COVID-19 Pandemic.* https://www.researchgate.net/profile/Reynaldo-Jr-Abas/publication/355033211_Coping_Strategies'_Influence_on_the_Teachers'_Stress_and_Motivation_Levels_During_the_COVID-19_Pandemic/links/615922af61a8f466709e2b18/Coping-Strategies-Influence-on-the-Teachers-Stress-and-Motivation-Levels-During-the-COVID-19-Pandemic.pdf [23.11.2021]

Akdaş, M. S., & Kalman, M. (2021). Challenges affecting teaching-learning processes in multi-grade classes: A comparison of pre-pandemic and peri-pandemic periods. In W. B. James, C. Cobanoglu, & M. Cavusoglu (Eds.), *Advances in global education and research* (Vol. 4, 1–13). https://www.doi.org/10.5038/9781955833042 [22.12.2021]

BC Teachers' Federation (07.12.2020): *Safeguarding teachers' mental health through the second wave of COVID-19 and beyond. Submission to The House of Commons Standing Committee on Health.*

https://files.eric.ed.gov/fulltext/ED610467.pdf
[22.10.2021]

Bitzer, E. M., & Sørensen, K. (2018): Gesundheitskompetenz – Health Literacy. *Das Gesundheitswesen. 80 (8/9)*, 754 – 766. DOI: 10.1055/a-0664-0395

Boyes, A. (05.05.2013). Avoidance Coping. Avoidance coping plays an important role in common psychological problems. https://www.psychologytoday.com/us/blog/in-practice/201305/avoidance-coping [16.12.2021]

Brakemeier, E.-V., Wirkner, J., Knaevelsrud, C., Wurm, S., Christiansen, H., Lueken, U. & Schneider, S. (2020). Die COVID-19-Pandemie als Herausforderung für die psychische Gesundheit. Erkenntnisse und Implikationen für die Forschung und Praxis aus Sicht der Klinischen Psychologie und Psychotherapie. *Zeitschrift für Klinische Psychologie und Psychotherapie. 49* (1), 1-31. https://doi.org/10.1026/1616-3443/a000574

BR24 Redaktion (21.12.2021). *Schulschließungen nach Weihnachten: "Unbedingt vermeiden"?* https://www.br.de/nachrichten/bayern/lehrerverbaende-kurzzeitige-schulschliessungen-denkbar,SsCeYTG [21.12.2021]

Burow, O-A. (2021). *Die Corona-Chance: Durch sieben Schritte zur „Resilienten Schule".* Beltz.

95

Canadian Teachers' Federation (November 2020). *Teacher Mental Health Check-In Survey. Pandemic Research Report. Document 13-1* [Bericht]. https://files.eric.ed.gov/fulltext/ED613846.pdf [22.10.2021]

Carver, C. S., Scheier, M. F. & Weintraub, J. K. (1989). Assessing coping strategies: A theoretically based approach. *Journal of Personality and Social Psychology, 56* (2), 267-283.

Chan, M.-k., Sharkey, J. D., Lawrie, S. I., Arch, D. A. N., & Nylund-Gibson, K. (2021). Elementary school teacher well-being and supportive measures amid COVID-19: An exploratory study. *School Psychology, 36* (6), 533–545. https://doi.org/10.1037/spq0000441

Cramer, C. Friedrich, A. & Merk, S. (2018). Belastung und Beanspruchung im Lehrerinnen- und Lehrerberuf: Übersicht zu Theorien, Variablen und Ergebnissen in einem integrativen Rahmenmodell. *Bildungsforschung. 15* (1), 1-23. https://doi.org/10.25656/01:16575

DAK-Gesundheit und Unfallkasse NRW (Hrsg.). (2012). *Handbuch Lehrergesundheit – Impulse für die Entwicklung guter gesunder Schulen.* (2. Auflage). Carl Link.

Dorcet, A., Netolicky, D., Timmers, K., & Tuscano, F.

(29.032020). Thinking about Pedagogy in an Un-
folding Pandemic. An Indipendent Report on Ap-
proaches to Distance Learning During COVID 19
School Closures. Independent report to Written to
Inform the work of Education International and
UNESCO. (Version 2). http://issuu.com/education-
international/docs/research/2020_covid-19_eng
[15.12.2021]

Dreer, B. & Kracke, B. (2021). Lehrer*innen im Corona-
Lockdown 2020. Umgang mit der Distanzbetreuung
im Spannungsfeld von Anforderungen und Ressourcen. In Reintjes, C., Porsch, R. & Im Brahm, G.
(Hrsg.), *Das Bildungssystem in Zeiten der Krise.
Empirische Befunde, Konsequenzen und Potenzi-
ale für das Lehren und Lernen.* (S. 45-62).
Waxmann. Oder online unter
https://www.waxmann.com/index.php?eID=down-
load&buchnr=4362 [02.10.2021]

Drude, C. (08.04.2021). *Lehrkräftemangel gefährdet Pflegeausbildung.* https://backround.tagesspie-
gel.de/gesundheit/lehrkraeftemangel-gefaehrdet-
pflegeausbildung [04.12.2021]

Erlinghagen, R. (2018). Shared Leadership und Followership – geteilte Verantwortung für das Gelingen von Führung. In Korda, B., Oechslein, K. E. & Prescher, T. (Hrsg.), Das große Handbuch. Personal & Führung in der Schule. 184-193. Carl Link.

Eryilmaz, A. & Basal (2021). *A.Student and Teacher Perspectives: Developing the Scale of Coping Strategies for Pessimism and Subjective Well-Being Model Based on Coping Strategies for COVID-19 and Goal Striving. International Online Journal of Education and Teaching (IOJET), 8* (1), 546-563.

Esici, H., Ayaz, A., Yetim, D., Yasti, S. Ç. & Bedir, N. (12.04.2021). Teachers in COVID-19 Period: Psychological Effects, Practices and Career Needs. *Turkish Journal of Education. 10* (2), 157-177. https://doi.org/10.19128/turje.855185

Fachkommission nach dem Pflegeberufegesetz (2020). *Rahmenpläne der Fachkommission nach § 53 PflBG. Rahmenlehrpläne für den theoretischen und praktischen Unterricht. Rahmenausbildungspläne für die praktische Ausbildung.* (2. Auflage). https://www.bibb.de/dienst/veroeffentlichungen/de/publication/show/16560 [04.12.2021]

Ferren, M. (2021). *Social and emotional supports for educators during and after the pandemic* [Online-Monographie]. https://files.eric.ed.gov/fulltext/ED613782.pdf [21.10.2021] forsa Politik- und Sozialforschung (05.05.2021). Gewalt gegen Lehrkräfte im Zusammenhang mit der Durchsetzung von Corona-Schutzmaßnahmen an der Schule. Ergebnisse einer bundesweiten Prepräsentativbefragung von Lehrerinnen und Lehrern. https://www.vbe.de/fileadmin/user_upload/VBE/Service/Meinungsumfragen/2021-05-05_forsa_Bericht_Gewalt-Corona_Bund.pdf [22.12.2021]

Fraundorfer, A. (2021). Gesund unterrichten: Warum die (psychosoziale) Gesundheit von Lehrkräften an Bedeutung gewonnen hat. In NCoC (Hrsg.), *Gesundsein und Gesundbleiben im Schulalltag. Wissenswertes und Praktisches zur Lehrer*innengesundheit. Handreichung für gute, gesundheitsfördernde Schulen.* 6-26. Oder unter https://www.radix.ch/media/3rmpk5un/hepi_publikation_lehrerinnengesundheit_online_25.pdf#page=6 [01.12.2021]

Freitag, K., Buschmann, H., Röttger, A. L., Porsch, N. B., Bükrücü, D. R., Holle, D. & Peters, T. (2021). Die unbeachteten Lehrenden. Ein Scoping-Review über Anforderungen in der generalistischen Pflegeausbildung. *PADUA. Fachzeitschrift für Pflegepädagogik, Patientenedukation und -Bildung. 16* (3), 167-172. https://doi.org/10.1024/1861-6186/a000620

Frieß, C., Wobst, S. & Koch, S. (2019). Zum aktuellen Stand der Lehrerbildung im Hinblick auf die Anforderungen im Pflegereformgesetz. *PADUA. Fachzeitschrift für Pflegepädagogik, Patientenedukation und -Bildung. 14* (1), 49-54.

Gerick, J. (2021). Die Gesundheit von Lehrer*innen durch salutogene Führung und Schulqualitätsmanagement stärken. Gesundheitsförderlich Führen in Zeiten des Wandels. In NCoC (Hrsg.), *Gesundsein und Gesundbleiben im Schulalltag. Wissenswertes und Praktisches zur Lehrer*innengesundheit. Handreichung für gute, gesundheitsfördernde Schulen.* 62-73. Oder unter https://www.radix.ch/media/3rmpk5un/hepi_publikation_lehrerinnnengesundheit_online_25.pdf#page=6 [01.12.2021]

Giger, S. & Linsmeier, B. (2019). Gesunde Schule entwickeln. In Seethaler, E., Giger, S. & Buchacher, W. (Hrsg.), *Gesund und erfolgreich Schule leben.* 94-100. Julius Klinkhardt.

Hansen, J., Klusmann, U. & Hanewinke, R. (2020). *Stimmungsbild: Lehrergesundheit in der Corona-Pandemie. Befragung zur Lehrergesundheit.* https://www.praeventionsradar.de/downloads/Ergebnisbericht_LeGu_2020.pdf [22.12.2021]

Hartung, S., Faller, G. & Rosenbrock, R. (19.05.2021). *Betriebliche Gesundheitsförderung.*

https://leitbegriffe.bzga.de/alphabetisches-ver-
zeichnis/betriebliche-gesundheitsfoerderung/
[21.12.2021]

Hidalgo-Andrade, P., Hermosa-Bosano, C. & Paz, C.
(2021). Teachers' Mental Health and Self-Reported
Coping Strategies During the COVID-19 Pandemic
in Ecuador: A Mixed-Methods Study. *Psychology
Research and Behavior Management. 14* (2), 933-
944. https://doi.org/:10.2147/PRBM.S314844

Hillert, A., Lehr, D., Koch, S., Bracht, M., Ueing, S. & Sos-
nowsky-Waschek, N. (2012). *Lehrergesundheit.
AGIL – das Präventionsprogramm für Arbeit und
Gesundheit im Lehrberuf.* Schattauer.

Ilgner, M. (30.03.2021). *Betriebliche Gesundheitsförderung in 2021 – BGM Maßnahmen richtig umsetzen.*
https://www.senseble.de/bgm/bgf/ [21.12.2021]

International Task Force on Teachers for Education 2030
(27.03.2021). *International Task Force on Teachers
for Education 2030. Response tot he Covid-19 Outbreak. Call for Action on Teachers.* https://teacher-
taskforce.org/knowledge-hub/response-covid-19-
outbreak-call-action-teachers-0 [16.12.2021]

Jelińska, M., & Paradowski, M.B. (2021). Teachers' engagement in and coping with emergency remote in-
struction during COVID-19-induced school closures: A multinational contextual perspective.

Online Learning Journal. 25 (1), 303-328.
https://doi.org/10.24059/olj.v25i1.2492

Jungblut, M. (28.12.2020). *Chronologie eines Schuljahres in der Coronakrise.* https://www.deutschland-funk.de/rueckblick-2020-chronologie-eines-schul-jahrs-in-der.680.de.html?dram:article_id=489919 [02.10.2021]

Kapitany, T., Niederkrotenthaler, T. & Koblicha-Rathausky, L. (2021). Krise und Burnout im Kontext der Schule. In NCoC (Hrsg.), *Gesundsein und Gesundbleiben im Schulalltag. Wissenswertes und Praktisches zur Lehrer*innengesundheit. Handreichung für gute, gesundheitsfördernde Schulen.* 47-61. Oder unter https://www.radix.ch/media/3rmpk5un/hepi_publi-kation_lehrerinnnengesundheit_on-line_25.pdf#page=6 [01.12.2021]

Kim, L. E., Oxley, L. & Asbury, K. (2021). "My brain feels like a browser with 100 tabs open": A longitudinal study of teachers' mental health and well-being during the COVID-19 pandemic. *British Journal of Educational Psychology.* Advance online publication. 1-29e. https://doi.org/10.1111/bjep.12450

Klapproth, F., Federkeil, L., Heinschke, F. & Jungmann, T. (2020). Teachers´experiencesof stress and their coping strategies during COVID-19 induced distance teaching. *Journal of Pedagogical Research.*

4 (4), 444-452.
http://dx.doi.org/10.33902/JPR.2020062805

Köstner, C., Beutel, T., Eggert, V., Dicks, T., Zähme, C., Kalo, K., Letzel, S. & Dietz, P. (Juli 2021). *SARS-CoV-2 Arbeits- und Infektionsschutzmaßnahmen an Schulen. Ergebnisse einer bundesweiten On-line-Befragung von Lehrkräften.* https://www.baua.de/DE/Angebote/Publikatio-nen/Fakten/SARS-CoV-2-Schu-len.pdf?__blob=publicationFile&v=6 [10.09.2021]

Kranebitter, M. & Schiestl, D. (2021). Projekt „Lehrer*in-nen-Gesundheit im Fokus: Gestärkt für den Schul-alltag." In NCoC (Hrsg.), *Gesundsein und Gesund-bleiben im Schulalltag. Wissenswertes und Prakti-sches zur Lehrer*innengesundheit. Handreichung für gute, gesundheitsfördernde Schulen.* 119-136. Oder unter https://www.radix.ch/me-dia/3rmpk5un/hepi_publikation_lehrerinnnen-gesundheit_online_25.pdf#page=6 [01.12.2021]

Küng, C. (2020). Gesunde Lehrer – gesunde Kinder. Wa-rum wir BGM an Schulen brauchen. *Bayerische Schule. Das Magazin des BLLV. 73* (4), 22-25.

Kuhn, A. (21.12.2021). *Corona und Schule: Führt die*

Omikron-Variante doch zu Schulschließungen?
https://deutsches-schulportal.de/bildungswe-
sen/news-blog-corona-schule-neues-schuljahr/
[21.12.2021]

Kumpikaitė-Valiūnienė, V., Duobienė, J., Liubinienė, V.
Kasperiūnienė, J. & Tandzegolskienė, I. (2021). Impact of institutional support on educators'subjec-
tivewell-being during the transition to virtual work
due to COVID-19 lockdown. *Journal of Management & Organization.* 1-19.
doi:10.1017/jmo.2021.60

Kwatubana, S. & Molaodi, V. (2021). Leadership Styles
that Would Enable School Leaders to Support the
Wellbeing of Teachers during COVID-19. In BCES
Conference Books (Ed.), *New Challenges to Education: Lessons from Around the World. 19*, 106-
112.

MacIntyre, P. D., Gregersen, T. & Mercer, S. (2020). Lan-
guage teachers' coping strategies during the Covid-
19 conversion to online teaching: Correlations with
stress, wellbeing and negative emotions. *SYSTEM.*
94, 1-13. https://doi.org/10.1016/j.sys-
tem.2020.102352

Matiz, A., Fabbro, F., Paschetto, A., Cantone, D., Paolone,
A. R. & Crescentini, C. (2020). Positive impact of
mindfulness meditation on mental health of female

teachers during the COVID-19 outbreak in Italy. *International Journal of Environmental Research and Public Health,* 17(18), 1–22.

MDR – Mitteldeutscher Rundfunk (29.10.2020). *Ärzte und Pflegekräfte häufiger von Corona-Infektionen betroffen.* https://www.mdr.de/wissen/corona-aktuelle-forschung-donnerstag-neunundzwanzigster-oktober-100.html [27.10.2021]

Mungroo, M. (23.07.2020): *Teacher well-being: Coping mechanisms to deal with the consequences of the COVID-19 pandemic.* https://soe.ukzn.ac.za/news/2020/07/teacher-well-being-coping-mechanisms-to-deal-with-the-consequences-of-the-covid-19-pandemic/ [27.10.2021]

NCoC (National Center of Competence) für Psychosoziale Gesundheitsförderung an der Pädagogischen Hochschule Oberösterreich (Hrsg.). (2021). *Gesundsein und Gesundbleiben im Schulalltag. Wissenswertes und Praktisches zur Lehrer*innengesundheit. Handreichung für gute, gesundheitsfördernde Schulen.* https://www.radix.ch/media/3rmpk5un/hepi_publikation_lehrerinnnen-gesundheit_online_25.pdf#page=6 [01.12.2021]

NDR (Norddeutscher Rundfunk) (06.12.2021). *Omikron: Wie gefährlich ist die neue Corona-Variante?* https://www.ndr.de/ratgeber/gesundheit/Omikron-

Wie-gefaehrlich-ist-die-neue-Corona-Variante,o-mikron134.html [21.12.2021]

Ozamiz-Etxebarria, N., Idoiaga Mondragon, N, Bueno-No-tivol, J., Pérez-Moreno, M., Santabárbara, J. (2021). Prevalence of Anxiety, Depression, and Stress among Teachers during the COVID-19 Pandemic: A Rapid Systematic Review with Meta-Analysis. Brain Sciences, (11), 1172. 1-14. https://doi.org/10.3390/brainsci11091172

Pate, C. (Mai 2020). *Self-Care Strategies for Educators During the Coronavirus Crisis. Supporting Personal Social and Emotional Well-Being* [Online-Monographie]. https://files.eric.ed.gov/fulltext/ED605940.pdf [22.10.2021]

Poterpin, E. (2021). So stärken Sie Ihre Resilienz als Lehrer*in. In NCoC (Hrsg.), *Gesundsein und Gesundbleiben im Schulalltag. Wissenswertes und Praktisches zur Lehrer*innengesundheit. Handreichung für gute, gesundheitsfördernde Schulen.* 152-174. Oder unter https://www.radix.ch/media/3rmpk5un/hepi_publikation_lehrerinnnengesundheit_online_25.pdf#page=6 [01.12.2021]

Quezada-Parker, K. B., Talbot, C. & Quezada, R. L.

(02.08.2020): From Bricks and Mortar to Remote Teaching: A Teacher Education Program´s Response to COVID-19. *Journal of Education for Teaching. 46, (4),* 472-483.

Radtke, R. (20.12.2021). *Todesfälle in Zusammenhang mit dem Coronavirus (COVID-19) seit Dezember 2019 nach am schwersten betroffenen Ländern.* https://de.statista.com/statistik/daten/studie/1100818/umfrage/todesfaelle-aufgrund-des-coronavirus-2019-ncov-nach-laendern/#professional [21.12.2021]

Robert-Koch-Institut (RKI). (09.09.2021). *Wöchentlicher Lagebericht des RKI zur Coronavirus-Krankheit-2019 (COVID-19).* https://www.rki.de/DE/Content/InfAZ/N/Neuartiges_Coronavirus/Situationsberichte/Wochenbericht/Wochenbericht_2021-09-09.pdf?__blob=publicationFile [21.12.2021]

Robert-Koch-Institut (RKI). (16.12.2021). *Wöchentlicher Lagebericht des RKI zur Coronavirus-Krankheit-2019 (COVID-19).* https://www.rki.de/DE/Content/InfAZ/N/Neuartiges_Coronavirus/Situationsberichte/Wochenbericht/Wochenbericht_2021-12-16.pdf?__blob=publicationFile [21.12.2021]

Rohde, K. (2019). Eine Berufsgruppe entwickelt Copingstrategien für einen Zukunftsberuf. PADUA. Fachzeitschrift für Pflegepädagogik, Patientenedukation und -Bildung. *14.* (4), 213. https://doi.org/10.1024/1861-6186/a000503

Rudnicka, J. (22.09.2021). *Anzahl der Lehrer und Lehrerinnen in Deutschland nach Bundesländern 2020/2021.* https://de.statista.com/statistik/daten/studie/201496/umfrage/anzahl-der-lehrer-in-deutschland-nach-bundeslaendern/ [21.12.2021]

Satow, L. (2012). *Stress- und Coping-Inventar (SCI).* Test- und Skalendokumentation. https://psycharchives.org/bitstream/20.500.12034/437/3/PT_9006508_SCI_Skalendokumentation.pdf [13.11.2021]

Schaarschmidt, U. (2011). Die Förderung der psychischen Gesundheit von Lehrerinnen und Lehrern – eine dringliche Aufgabe. In Dür, W. & Felder-Puig (Hrsg.), *Lehrbuch. Schulische Gesundheitsförderung.* 151-162. Huber.

Scharinger, C. (2020). Gesundheitsförderung in Krisenzeiten. Ein Praxisleitfaden. In Gajar, P. & Lang, G. (Hrsg.), *Wissen.* (Band Nr. 18). Fonds Gesundes Österreich, Gesundheit Österreich. Oder unter: https://jasmin.goeg.at/1534/1/WB_18_gf_in_krisenzeiten_praxisleitfaden_bfrei.pdf [27.11.2021]

Schmal, J. (2017). Lehren als stetiger Entwicklungsprozess. Der Einflussfaktor Lehrperson in der pflegepädagogischen Bildung. *Pflege Zeitschrift. Wissen & Management. 70* (9), 43-45.

Schneider, W. (2020). Systemrelevant an die Belastungs-
grenze? *Bayerische Schule. Das Magazin des
BLLV. 73* (4), 26-27.

Schuch, S. (2021). Stärkung der psychosozialen Gesundheit von Lehrer*innen – Gesund bleiben durch positive Beziehungsgestaltung. In NCoC (Hrsg.), *Gesundsein und Gesundbleiben im Schulalltag. Wissenswertes und Praktisches zur Lehrer*innengesundheit. Handreichung für gute, gesundheitsfördernde Schulen.* 93-105. Oder unter
https://www.radix.ch/media/3rmpk5un/hepi_publi-
kation_lehrerinnnengesundheit_on-
line_25.pdf#page=6 [01.12.2021]

Shen, P. & Slater, P. (2021). The Effect of Occupational
Stress and Coping Strategies on Mental Health and
Emotional Well-Being Among University Academic
Staff During the COVID-19 Outbreak. *International
Education Studies.* Vol. 14 (3), 82-95.
https://doi.org/10.5539/ies.v14n3p82

Sokal, L. J., Eblie Trudel, L. G. & Babb, J. C. (2020). Supporting Teachers in Times of Change: The Job De-
mands- Resources Model and Teacher Burnout
During the COVID-19 Pandemic. *International
Journal of Contemporary Education. 3* (2), 67-74.
https://doi.org/10.11114/ijce.v3i2.4931

Sprung, T. (2021a). Auf die Probe gestellt. *Didacta. Das*

Magazin für lebenslanges Lernen. (1), 4-5.

Sprung, T. (2021b). „Es muss ein Grundvertrauen in uns geben". *Didacta. Das Magazin für lebenslanges Lernen.* (1), 16-18.

Statistisches Bundesamt (28.10.2020). *Gestiegenes Interesse an Pflegeberufen: 71 300 Menschen haben 2019 eine Ausbildung begonnen* [Pressemitteilung Nr. N 070]. https://www.destatis.de/DE/Presse/Pressemitteilungen/2020/10/PD20_N070_212.html [21.09.2021]

Statistisches Bundesamt (27.07.2021). *Neuer Beruf: 53 610 Auszubildende zur Pflegefachfrau und zum Pflegefachmann am Jahresende 2020* [Pressemitteilung Nr. 356]. https://www.destatis.de/DE/Presse/Pressemitteilungen/2021/07/PD21_356_212.html [21.09.2021]

Steiner, E.D. & Woo, A. (2021). *Job-Related Stress Threatens the Teacher Supply. Key Findings from the 2021 State of the U.S. Teacher Survey* [Research Report]. https://www.rand.org/pubs/research_reports/RRA1108-1.html [21.10.2021]

Stock, S. (2018). Was ist Gesundheitskompetenz? *CNE.fortbildung. Gesundheitskompetenzen stärken. Patienteninformation und Beratung.* (2), 2 – 5.

Stürzebecher, N. (2021). Entspannen lernen! Hilfreiche

Tipps und Übungen für den Alltag. In NCoC (Hrsg.), *Gesundsein und Gesundbleiben im Schulalltag. Wissenswertes und Praktisches zur Lehrer*innengesundheit. Handreichung für gute, gesundheitsfördernde Schulen.* 203-215. Oder unter https://www.radix.ch/media/3rmpk5un/hepi_publikation_lehrerinnnengesundheit_online_25.pdf#page=6 [01.12.2021]

Truzoli, R., Pirola, V., & Conte, S. (2021). The impact of risk and protective factors on online teaching experience in high school Italian teachers during the COVID-19 pandemic. *Journal of Computer Assisted Learning*, 1-13. https://doi.org/10.1111/jcal.12533

Universität Köln & Helmholtz-Zentrum für Infektionsforschung. (Oktober 2021). COVID-SCHULEN. https://www.kmk.org/fileadmin/pdf/PresseUndAktuelles/2021/KMK-Corona-Studie_Abschlussbericht.pdf [22.12.2021]

Valtl, K. (2021). Achtsamkeits- und mitgefühlsbasierte Methoden zur Förderung von Lehrer*innengesundheit. In NCoC (Hrsg.), *Gesundsein und Gesundbleiben im Schulalltag. Wissenswertes und Praktisches zur Lehrer*innengesundheit. Handreichung für gute, gesundheitsfördernde Schulen.* 152-174. Oder un-

ter https://www.radix.ch/me-
dia/3rmpk5un/hepi_publikation_lehrerinnnen-
gesundheit_online_25.pdf#page=6 [01.12.2021

Wisniewski, B. (03.06.2020). *Umgang mit eigenen psychischen Belastungen als Lehrerin oder Lehrer im Zusammenhang mit der COVID-19-Krise* [Begleitma-
terial zur Online-Fortbildung]. https://www.km.bay-
ern.de/lehrer/meldung/6978/lehrkraefte-bilden-
sich-in-der-krisenbewaeltigung-fort.html
[01.12.2021]

Zadok-Gurman, T., Jakobovich, R., Dvash, E., Zafrani, K.,
Rolnik, B., Ganz, A. B. & Lev-Ari, S. (2021). Effect
of Inquiry-Based Stress Reduction (IBSR) Intervention on Well-Being, Resilience and Burnout of
Teachers during the COVID-19 Pandemic. *International Journal of Environmental Research and Public Health, 18,* 1-14.
https://doi.org/10.3390/ijerph180736

Anhang

Anhang A - PICO-Schema der Forschungsfrage

Welche Interventionsansätze könnten zu einer Gesundheitsförderung der Lehrenden an einer Berufsfachschule für Pflege während der Corona-Pandemie beitragen?

P	Lehrende (an einer Berufsfachschule für Pflege)
I	Interventionsansätze
C	Während der Corona-Pandemie (= im Gegensatz zu keinen gesundheitsfördernden Ansätzen bzw. Ansätze unabhängig von der Pandemie)
O	Gesundheitsförderung

Anhang B - Tabelle der Schlüsselbegriffe für die Recherche nach dem PICO-Schema

P:	(I:)	C:	O:
- **Lehrer*** - **Pädagog*** - Lehrkraft - Lehrkraefte - Lehrende* - Lehrperso- nal - Lehrper- son*	- Interventi- onsansatz - Interventi- ons- ansaetze - Interven- tion* - Ansatz - Ansaetze - Maßnahme*	- „Corona- Pandemie" - **„Covid 19"** - **„SARS CoV 2"** - Pandemie - „Corona Krise"	- **Gesund- heitsfoer- derung** - **Stressma- nagement** - **Stressbe- waelti- gung** - Stressmin- derung

- Unterrich-tende*	- Methode* - Konzept* - Arbeits-weise*		- Stressredu-zierung - gesund-heitsfoer-dernd - Krankheits-praeven-tion Coping (Ge-sundheit, Wohlbefin-den)
- **teacher*** - instructor* - tutor* - **educator*** - schooltea-cher* - indoctrina-tor*	- „Interven-tion ap-proach*" - method* - technique* - procedure* - approach* - measure* - concept*	- „corona-pandemic" - pandemic - **pande-mics** - „corona cri-sis"	- „**health promo-tion***" - „health support*" - „promotion of health" - „health pro-tection*" - „health in-tervention*" - „health pro-moting ap-proach*" - „health pro-motional approach*" - „stress re-duction*" - **„stress manage-ment"** - „disease preven-tion*" - „prevention of dise-ase*"

		- „illness pre-vention*" - Coping (health, healthiness, physical health, well-being, mental health)

Anhang C - Ein- und Ausschlusskriterien: Begründung für die Auswahl der Literatur

Kriterium:	Einschlusskriterium:	Ausschlusskriterium:
Schlüsselbegriffe/Keywords	Siehe Begriffe in der PICO-Schema Tabelle	Fehlen der Begriffe oder ihrer Synonyme
Untersuchter Gegenstand/Population	Gesundheitsförderliche Ansätze für Pflegepädagog*innen oder allgemein Lehrende, die von den Auswirkungen der Covid-19-Pandemie betroffen waren	Andere/r untersuchter/r Gegenstand oder Population: z.B. die Allgemeinbevölkerung, Studierende, Lehramtsstudierende, angehende Lehrende, SuS, Patient*innen, andere Berufsgruppen, usw. oder gesundheitsförderliche Ansätze für Pflegepädagog*innen und Lehrende unabhängig von der Pandemie oder anderes Setting z.B. Kindertagesstätte,

		Vorstellungen von online Fortbildungen zur Thematik
Zeitraum	2020 - 2021	Vor 2020: Obwohl die Verbreitung des Virus bereits Ende 2019 begann, wurden die Auswirkungen auf die Schulen und die Lehrenden erst 2020 durch die Umstellung auf die Fernlehre, die Schulschließungen, die Hygieneauflagen usw. deutlich
Sprache	Deutsch, Englisch	Andere Sprachen Grund: Reduktion bzw. Vermeidung von Übersetzungsfehlern und Fehlinterpretationen
Zugänglichkeit	Volltext frei verfügbar	Der Volltext ist nicht frei verfügbar
Auswertung von möglichen Literaturquellen	Vorerst Überprüfung des Titels und des Abstracts. Im weiteren Verlauf Überprüfung des vollständigen Textes.	Titel, Abstract oder weiterer Text dient nicht der Beantwortung der Forschungsfrage
Art/Design oder besondere Auswahlkriterien der Studien und Literaturquellen	Die gesundheitsförderlichen Ansätze der LP müssen sich auf die Bewältigung von beruflichen Stressoren beziehen.	Die gesundheitsförderlichen Ansätze von LP beziehen sich auf den allgemeinen Umgang mit der Pandemie, z.B. bezüglich der Quarantäne, Ausgangssperre, usw.

		Fehlende/s Quellenangaben oder Literaturverzeichnis bei z.B. Quellen aus dem Internet z.B. Gonser, S. (11.02.2021). *Schools, Not Teachers, Must Reduce Stress and Burnout – Here´s How. Educators' health and well-being should be prioritized in school culture; school leaders can help create the conditions for that.* https://www.edutopia.org/article/schools-not-teachers-must-reduce-stress-and-burnout-heres-how [12.12.2021]
	Je nach Datenbank unterschiedlich: **Fachportal Pädagogik:** Als Dokumententyp wurden Monografien, Sammelwerke, Sammelwerksbeiträge und	Je nach Datenbank unter-schiedlich: **Fachportal Pädagogik:** Ausschluss anderer Datenbanken: Für einige andere, nicht ausgewählte, Datenbanken werden gesonderte

	Zeitschriftenauf-sätze in deutscher und englischer Sprache ausge-wählt. Sowohl ge-druckte Literatur, online verfügbare Dokumente und anderweitige Medi-entypen wurden durch die Filterein-stellung akzeptiert. Datenquellen aus folgenden Daten-banken wurden ausgewählt: FIS Bildung, ERIC – In-stitute of Education Sciences, Online Contents, Library of Congress, BASE (beta). **Bildungsserver:** Freitextsuche ohne zeitliche Beschrän-kung und in allen Datenbanken **PubMed:** Immer nur Clinical Trial, Meta-Analy-sis, Randomized Controlled Trial, Review, Systematic Review, Free Full Text, All Fields	Registrierungen benötigt.
		Google scholar: Patente oder Zitate

Anhang D - Rechercheverläufe der ausgewählten Datenbanken

Fachportal Pädagogik, Bildungsserver, ERIC, PubMed, Science Direct

Systematische Literaturrecherche - Fachportal Pädagogik:

https://www.fachportal-paedagogik.de/

„Literatur" ausgewählt, „Erweiterte Literatursuche" ausgewählt

Suche mit Autocomplete (Suchwortvervollständigung): Nach Eingabe der ersten Buchstaben wird eine Liste mit den am häufigsten vorkommenden Indextermen (Schlagwörter, Personen) der FIS Bildung Literaturdatenbank angezeigt. Es können mehrere Werte in ein Feld übernommen werden. Die Eingabe eines eigenen Suchbegriffs ist möglich:

Freitextsuche:

Bei der Eingabe: *Lehr* wurde von der Autocomplete-Suche direkt Lehrer vorgeschlagen, weiter unten in der Liste tauchte das Wort Lehrerin auf. Somit verwendete ich als ersten Suchbegriff *Lehrer*in*. Um die Trefferquote zu erhöhen wurde der Begriff *Pädagog** zusätzlich gesucht.

Beim Begriff *Coro* wurde direkt *Coronavirus* vorgeschlagen, sodass der Begriff *Corona-Pandemie* vorerst nicht verwendet wurde für die Suche.

Bei der Eingabe von Cov wurde direkt der Begriff COVID-19 als Suchbegriff vorgeschlagen, sodass dieser als Suchbegriff verwendet wurde.

Da der Begriff *Gesundheitsförderung* den zu suchenden Kontext am besten beschreibt, wurde dieser als Suchbegriff verwendet. Bei der Eingabe *Gesundheitsf* wurde direkt der Begriff Gesundheitsförderung durch die Autocomplete-Suche ergänzt.

Bei der Eingabe des Wortes *Stress*, wurde als zweites Wort *Stressmanagement* und als drittes *Stressbewältigung* angezeigt. Vorerst wurde mit dem Begriff *Stressmanagement* gesucht.

Die unter dem I aufgelisteten Begriffe wie z.B. Interventionsansatz, Maßnahme, Methode, usw. wurden vorerst nicht als Suchbegriffe eingegeben, weil die Annahme getroffen wurde, dass unter dem Suchbegriff *Gesundheitsförderung* oder *Stressmanagement* entsprechende Interventionsansätze, Maßnahmen, usw. aufgezeigt werden.

16.09.2021:

Freitextsuche:

((((((((Freitext: LEHRER*IN) oder (Freitext: PAEDAGOG*)) und (Freitext: COVID-19)) und (Freitext: GESUNDHEITSFOERDERUNG)) oder (Freitext: STRESSMANAGEMENT)) und (Sprache: deutsch oder englisch)) und (Datenquelle: "FIS Bildung" oder "Library of Congress" oder ERIC oder "Online Contents" oder "BASE (beta)")) und (Volltextzugriff: "freier Zugriff")) und (Jahr =2020)

61 Treffer:
Verwendete Literatur:
- Pate, 2020

120

Da das Jahr 2021 nicht separat ausgewählt werden kann und mit der vorherigen Suche nur die Ergebnisse aus dem Jahr 2020 angezeigt wurden, wurde noch nach den Ergebnissen des Jahres 2021 gesucht:

(((((((Freitext: LEHRER*) oder (Freitext: PAEDA-GOG*)) und (Freitext: COVID-19)) und (Freitext: GE-SUNDHEITSFOERDERUNG)) oder (Freitext: STRESS-MANAGEMENT)) und (Sprache: deutsch oder englisch)) und (Datenquelle: "FIS Bildung" oder "Library of Congress" oder ERIC oder "Online Contents" oder BASE)) und (Volltextzugriff: "freier Zugriff") zusätzlich wurde „Erscheinungsjahr (ab)" ausgewählt:

12 Treffer wurden 2021 veröffentlicht:
Verwendete Literatur:
- Shen & Slater, 2021

(((((((Freitext: LEHRER*) oder (Freitext: PAEDA-GOG*)) und (Freitext: COVID-19)) oder (Freitext: CORONAVIRUS)) und (Freitext: COPING)) und (Sprache: deutsch oder englisch)) und (Datenquelle: "FIS Bildung" oder "Library of Congress" oder ERIC oder "Online Contents" oder BASE)) und (Volltextzugriff: "freier Zugriff")

51 Treffer:
Verwendete Literatur:
- Eryilmaz & Basal, 2021 (auch ERIC)
- Jelinska & Paradowski 2021 (auch ERIC)
- Klapproth et al. 2020 (auch ERIC)

((((((Freitext: GESUNDHEITSFOERDERUNG) oder (Freitext: STRESSBEWAELTIGUNG)) oder (Freitext:

STRESSMANAGEMENT)) und (Freitext: COVID-19)) und (Freitext: LEHRER*)) und (Sprache: deutsch oder englisch)) und (Datenquelle: "FIS Bildung" oder "Library of Congress" oder ERIC oder "Online Contents" oder "BASE (beta)")

3 Treffer: **Keine neuen Ergebnisse**

Schlagwortsuche:

(((((((Schlagwörter: LEHRER*) oder (Schlagwörter: PAEDAGOG*)) und (Schlagwörter: COVID-19)) und (Schlagwörter: GESUNDHEITSFOERDERUNG)) oder (Schlagwörter: STRESSMANAGEMENT)) und (Sprache: deutsch oder englisch)) und (Datenquelle: "FIS Bildung" oder "Library of Congress" oder ERIC oder "Online Contents" oder BASE)) und (Volltextzugriff: "freier Zugriff") zusätzlich wurde „Erscheinungsjahr (ab)" ausgewählt:

12 Treffer wurden 2021 veröffentlicht: **Keine neuen Ergebnisse**

((((((((Schlagwörter: LEHRER*) oder (Schlagwörter: PAEDAGOG*)) und (Schlagwörter: COVID-19)) und (Schlagwörter: GESUNDHEITSFOERDERUNG)) oder (Schlagwörter: STRESSMANAGEMENT)) und (Sprache: deutsch oder englisch)) und (Datenquelle: "FIS Bildung" oder "Library of Congress" oder ERIC oder "Online Contents" oder BASE)) und (Volltextzugriff: "freier Zugriff") abwaehlen) und (Jahr =2020)

57 Treffer: **Keine neuen Ergebnisse**

Titelsuche:

Ihre Abfrage: ((((((Titel: „COVID-19") oder (Titel: "CORONA-PANDEMIE")) und (Titel: LEHRER*)) oder (Titel: PAEDAGOG*)) und (Sprache: deutsch oder englisch)) und (Datenquelle: "FIS Bildung" oder "Library of Congress" oder ERIC oder "Online Contents" oder "BASE (beta)")) und (Volltextzugriff: "freier Zugriff")
Eine Jahresbegrenzung ist hierbei nicht möglich → Es wird „Erscheinungsjahr (ab)" ausgewählt:

3069 Treffer: 132 Quellen wurden begutachtet, weiterführend wurden lediglich Veröffentlichungen ab dem Jahr 2019 oder früher angezeigt, sodass die Quellendurchsicht beendet wurde: **Keine neuen Ergebnisse**

Systematische Literaturrecherche – Bildungsserver:

02.10.2021:

Freitextsuche - Suche in allen Datenbanken, ohne zeitliche Begrenzung

((Freitext: COVID_19) und (Freitext: LEHRER*)) und (Freitext: GESUNDHEITSFOERDERUNG)
0 Treffer

((Freitext: CORONA) und (Freitext: LEHRER*)) und (Freitext: GESUNDHEITSFOERDERUNG)
0 Treffer

((Freitext: CORONA) und (Freitext: LEHRER*)
173 Treffer: **Keine neuen Ergebnisse**

((Freitext: COVID_19) und (Freitext: GESUNDHEITSFOERDERUNG)

- 2 Treffer: **Keine neuen Ergebnisse**

- ((Freitext: COVID_19) und (Freitext: LEHRER*)) und (Freitext: STRESS*)
- 1 Treffer: **Keine neuen Ergebnisse (nur Online Fortbildungen zur Thematik)**

- ((Freitext: CORONA) und (Freitext: LEHRER*)) und (Freitext: STRESS*)
- 7 Treffer: **Keine neuen Ergebnisse (nur Online Fortbildungen zur Thematik)**

((Freitext: COVID_19) und (Freitext: PÄDAGOG*)) und (Freitext: GESUNDHEITSFOERDERUNG)
0 Treffer
((Freitext: COVID_19) und (Freitext: PÄDAGOG*)) und (Freitext: STRESS*)
0 Treffer
((Freitext: CORONA) und (Freitext: PÄDAGOG*)) und (Freitext: GESUNDHEITSFOERDERUNG)
0 Treffer
((Freitext: CORONA) und (Freitext: PÄDAGOG*)) und (Freitext: STRESS*)
8 Treffer: **Keine neuen Ergebnisse (nur Online Fortbildungen zur Thematik)**
Schlagwortsuche:
((Schlagwörter: CORONA) und (Schlagwörter: LEHRER*)) und (Schlagwörter: GESUNDHEITSFOERDERUNG)
0 Treffer

((Schlagwörter: COVID_19) und (Schlagwörter: LEHRER*)) und (Schlagwörter: GESUNDHEITSFOERDERUNG)

0 Treffer

((Schlagwörter: COVID_19) und (Schlagwörter: LEH-
RER*)) und (Schlagwörter: STRESS*)
Treffer: 0
((Schlagwörter: CORONA) und (Schlagwörter: LEH-
RER*)) und (Schlagwörter: STRESS*)
0 Treffer

((Schlagwörter: PANDEMIE) und (Schlagwörter: LEH-
RER*)) und (Schlagwörter: STRESS*)
0 Treffer

Empfehlungen der Redaktion → Weiterleitung zu *Fachportal Pädagogik*

„Forschung zu Corona und Bildung" angeklickt → „Forschung zu Corona im Bildungskontext"

Forschungsliteratur der *Bereiche Schule (27 Treffer), Berufliche Bildung/Weiterbildung/Arbeitswelt (11 Treffer),
Sozial-ökonomische/gesundheitliche/familiäre Aspekte
(19 Treffer)*

Verwendete Literatur:
- Dreer & Kracke, 2021

Systematische Literaturrecherche – ERIC:

02.10.2021

covid-19 AND teacher AND health promotion
11 Treffer: **Keine neuen Ergebnisse**

corona AND teacher AND health promotion
0 Treffer

pandemics AND teacher AND health promotion
13 Treffer: **Keine neuen Ergebnisse**

06.10.2021

covid-19 AND instructor AND health promotion
 2   Treffer: **Keine neuen Ergebnisse**

pandemics AND instructor AND health promotion
2 Treffer: Keine passenden,

corona AND instructor AND health promotion
0 Treffer

covid-19 AND educator AND health promotion
5 Treffer: **Keine neuen Ergebnisse**

corona AND educator AND health promotion
0 Treffer **(der Begriff Corona wird nicht mehr verwendet, da er nicht zielführend erscheint)**

pandemics AND educator AND health promotion
7 Treffer: **Keine neuen Ergebnisse**

covid-19 AND tutor AND health promotion
0 Treffer
pandemics AND tutor AND health promotion
0 Treffer

covid-19 AND schoolteacher AND health promotion
0 Treffer

pandemics AND schoolteacher AND health promotion
0 Treffer

covid-19 AND indoctrinator AND health promotion
0 Treffer

covid-19 AND indoctrinator AND health promotion
0 Treffer

22.10.2021

covid-19 AND teacher AND stress-management
19 Treffer:
Verwendete Literatur:
- Esici et al., 2021
- Canadian Teachers' Federation, 2020

(Doppelung: Klapproth et al., 2020; Pate, 2020; Eryilmaz & Basal, 2021; Jelinska & Paradowski 2021)

covid-19 AND teacher AND health support
6 Treffer:
Verwendete Literatur:
- Kwatubana, S. & Molaodi, 2021
- Ferren, 2021

covid-19 AND teacher AND health support
78 Treffer: **Keine neuen Ergebnisse**

Systematische Literaturrecherche - Science Direct:

Es ist nur eine begrenzte Anzahl an Wortverknüpfungen möglich.

22.10.2021

Title, abstract, keywords: (teacher OR educator) AND ("Covid 19" OR pandemic OR "corona crisis") AND ("health promotion" OR "health support" OR "stress management" OR coping) Year: 2020-2021

8 Treffer:
Verwendete Literatur:
- MacIntyre et al., 2020

Title, abstract, keywords: (teacher OR educator) AND ("Covid 19" OR pandemic OR "SARS CoV 2") AND ("health promotion" OR "health support" OR "stress management" OR coping) Year: 2020-2021
9 Treffer: **Keine neuen Ergebnisse**
(Doppelung MacIntyre et al., 2020)

Find articles with these terms: (teacher OR educator) AND ("Covid 19" OR pandemic OR "corona crisis") AND ("health promotion" OR "health support" OR "stress management" OR coping) Year: 2020-2021
1010 Treffer: **Keine neuen Ergebnisse**
(Doppelung MacIntyre et al., 2020)

Find articles with these terms: (teacher OR educator) AND ("Covid 19" OR pandemic OR "SARS CoV 2") AND ("health promotion" OR "health support" OR "stress management" OR coping) Year: 2020-2021
1473 Treffer: **Keine neuen Ergebnisse**
(Doppelung MacIntyre et al., 2020)
Systematische Literaturrecherche – PubMed:

25.11.2021

((((((((((((((((((((((teacher*) OR (instructor*)) OR (tutor*)) OR (educator*)) OR (schoolteacher*)) AND ("Covid 19")) OR ("corona pandemic*")) OR (pandemic*)) OR ("corona crisis")) OR ("SARS CoV 2")) AND ("health support*")) OR

("health promotion*")) OR ("promotion of health")) OR
("health protection*")) OR ("health intervention*")) OR
("health promoting approach*")) OR ("health promotional
approach*")) OR ("stress reduction*")) OR ("stress management*")) OR ("disease prevention*")) OR ("prevention
of disease*")) OR ("illnes prevention*")) OR (coping*)
4,311 results: **Keine neuen Ergebnisse**

((((((((((((teacher*) OR (instructor*)) OR (tutor*)) OR (educator*)) OR (schoolteacher*)) OR (indoctrinator*)) AND
("Covid 19")) OR (pandemic*)) OR ("corona crisis")) OR
("SARS CoV 2"))) AND ("health support")) OR ("health
promotion")) OR ("stress management")) OR (coping)
2,723 results: **Keine neuen Ergebnisse**

(teacher*) AND ("covid 19")
53 results: **Keine neuen Ergebnisse**

(teacher*) OR (educator*) AND ("SARS CoV 2")
    44 esults: **Keine neuen Ergebnisse**
    45 ((teacher*) OR (educator*)) AND ("Covid 19")
97 results: **Keine neuen Ergebnisse**

Anhang E - Handsuche: Fachzeitschriften und

Bibliomed-Pflege

Bibliomed-Pflege inklusive Mitgliedszugang -
https://www.bibliomed-pflege.de/:
Suchfunktion:
Stressmanagement → 14 Treffer: **Keine Ergebnisse**
Coping → 32 Treffer: **Keine Ergebnisse**
Covid-19 → 234 Treffer: **Keine Ergebnisse**
Fachartikel in dem Bereich „Pflegebildung" der Jahre
2020 – 2021: **Keine Ergebnisse**

Fachzeitschrift - Die Schwester. Der Pfleger.:
Zeitraum 2020 – 2021, erscheint monatlich: **Keine Ergebnisse**

Fachzeitschrift – Pflege Zeitschrift. Wissen & Management:
Zeitraum 2020 – 2021, erscheint monatlich: **Keine Ergebnisse**

Fachzeitschrift – PADUA. Fachzeitschrift für Pflegepädagogik, Patientenedukation und -Bildung:
Zeitraum 2020 – 2021, erscheint fünf Mal jährlich: **Keine Ergebnisse**

Fachzeitschrift – Didacta:
Zeitraum 2020 – 2021, erscheint vier Mal jährlich:
Verwendete Literatur:
Heft 2/21: Sprung, 2021

Anhang F - Handsuche: Katalog der Universitätsbibliothek Erlangen-Nürnberg und Google scholar

01.12.2021

("Pflegeschule" OR "Berufsfachschule für Pflege" OR "Pflegepädagog*") AND ("Covid 19" OR "SARS CoV 2" OR "Corona Krise" OR "Corona Pandemie") AND (Gesundheitsförderung OR Stressmanagement OR Stressbewältigung OR coping) zusätzlich ausgewählt: Zeitraum von 2020 – 2021, ohne Zitate und Patente, auf Deutsch
6 Treffer: **Keine neuen Ergebnisse**

(Lehrer* OR Pädagog* OR Lehrkraft OR Lehrende* OR Lehrpersonal OR Lehrperson* OR Unterrichtende*) AND

("Covid 19" OR "SARS CoV 2" OR "Corona Krise" OR "Corona Pandemie") AND (Gesundheitsförderung OR Stressmanagement OR Stressbewältigung OR coping) zusätzlich ausgewählt: Zeitraum von 2020 – 2021, ohne Zitate und Patente, auf Deutsch
438 Treffer:
Verwendete Literatur:

- Wisniewski, 2020
- Scharinger, 2020
- NCoC (National Center of Competence), 2021

01.12.2021:
(teacher* OR educator*) AND ("SARS CoV 2" OR "Covid 19") AND ("health promotion" OR "health support" OR "stress management") OR ("coping" AND "english") zusätzlich ausgewählt: Zeitraum von 2020 – 2021, ohne Zitate und Patente, Übersichtsarbeiten
1600 Treffer: → Aufgrund begrenzter zeitlicher Ressourcen und begrenzter Seitenanzahl der Forschungsarbeit wurde auf eine Auswertung verzichtet.

Anhang G - Forward- und Backward-Searches der identifizierten Literatur – ohne Duplikationen

Literaturquelle	Forward-Search-Ergebnisse	Backward-Search-Ergebnisse
Klapproth et al., 2020	23.11.2021: Hidalgo-Andrade et al., 2021; Abas, 2021; Kim et al., 2021; Chan et al., 2021	20.11.2021: /
Dreer & Kracke, 2021	06.12.2021: /	06.12.2021: /

Ferren, 2021	22.10.2021: /	22.10.2021: Steiner & Woo, 2021
Pate, 2020	12.12.2021: /	12.12.2021: /
Eryilmaz & Basal, 2021	22.10.2021: /	22.10.2021: /
Esici et al., 2021	22.10.2021: /	22.10.2021: Truzoli et al., 2021
MacIntyre et al., 2020	22.10.2021: Zadok-Gurman et al., 2021;	22.10.2021: /
Jelińska & Para-dowski, 2021	13.12.2021: /	13.12.2021: /
Canadian Teachers' Federation, 2020	22.10.2021: BC Teachers' Federation	22.10.2021: Sokal et al., 2020
Kwatubana & Molaodi, 2021	27.10.2021: /	27.10.2021: Mungroo, 2020
Shen & Slater, 2021	13.11.2021: /	13.11.2021: /
Scharinger, 2020	27.11.2021: /	27.11.2021: /
Wisniewski, 2020	01.12.2021: /	01.12.2021: /
NCoC (National Center of Compe-tence), 2021	16.12.2021: /	16.12.2021: Matiz et al. (2020)
Sprung, 2021b	04.12.2021: /	04.12.2021: /

Erneute Forward- und Backward-Searches der durch Forward- und Backward-Searches gefundenen Literatur - ohne Duplikationen:

Literaturquelle	Forward-Search-Er-gebnisse	Backward-Search-Ergebnisse
Hidalgo-Andrade et al., 2021	16.12.2021: /	16.12.2021: /
Abas, 2021	16.12.2021: /	16.12.2021: /
Kim et al., 2021	16.12.2021: /	16.12.2021: International Task Force on Teachers for Education 2030, 2020
Chan et al., 2021	16.12.2021: /	16.12.2021: /
Steiner & Woo, 2021	12.12.2021: /	12.12.2021:/
Truzoli et al., 2021	16.12.2021: /	16.12.2021: /
Zadok-Gurman et al., 2021	16.12.2021: /	16.12.2021: /

BC Teachers' Federation, 2020	16.12.2021: /	16.12.2021: /
Sokal et al., 2020	16.12.2021: Kumpikaitė-Valiūnienė et al, 2021	16.12.2021: /
Mungroo, 2020	16.12.2021: /	16.12.2021: /
Matiz et al. (2020)	16.12.2021: /	16.12.2021: /

Erneute Forward- und Backward-Searches der durch Forward- und Backward-Searches gefundenen Literatur - ohne Duplikationen:

Literaturquelle	Forward-Search-Ergebnisse	Backward-Search-Ergebnisse
International Task Force on Teachers for Education 2030, 2020	16.12.2021: /	16.12.2021: /
Kumpikaitė-Valiūnienė et al, 2021	16.12.2021: /	16.12.2021: /

133

Anhang H - Zur Auswertung verwendete Literaturergebnisse

Recherchequellen:

Datenbanken:
Fachportal Pädagogik, Bildungsserver,
ERIC, PubMed, Science Direct
Handsuche:
Katalog der Universitätsbibliothek
Erlangen-Nürnberg,
Google scholar
Fachzeitschriften: Die Schwester. Der
Pfleger.; Pflege Zeitschrift. Wissen &
Management; PADUA; Didacta
For- und Backward-Searches

Filter:

- Ein- und Ausschlusskriterien siehe
  Tabelle (Anhang C)
- Duplikationsfilter

Identifizierte und verwendete Literatur:
- Klapproth et al., 2020
- Dreer & Kracke, 2021
- Ferren, 2021
- Pate, 2020
- Eryilmaz & Basal, 2021
- Esici et al., 2021
- MacIntyre et al., 2020
- Jelińska & Paradowski, 2021
- Canadian Teachers' Federation, 2020
- Kwatubana & Molaodi, 2021
- Shen & Slater, 2021
- Scharinger, 2020
- Wisniewski, 2020
- NCoC (National Center of
  Competence), 2021
- Sprung, 2021b
- Hidalgo-Andrade et al., 2021
- Abas, 2021
- Kim et al., 2021
- Chan et al., 2021
- Steiner & Woo, 2021
- Truzoli et al., 2021
- Zadok-Gurman et al., 2021
- BC Teachers' Federation
- Sokal et al., 2020
- Mungroo, 2020
- Matiz et al., 2020
- International Task Force on Teachers
  for Education 2030, 2020
- Kumpikaitė-Valiūnienė et al, 2021

Anhang I - Vergleich der allgemeinen Informationen und des methodischen Vorgehens der Literaturergebnisse

Vergleichskriterium / Literaturquelle	Format bzw. Status	Teilnehmer*innen (Anzahl, Besonderheiten)	Geographischer Raum	Methode zur Erfassung der gesundheitsfördernlichen Interventionen	Erhebungszeitraum	Bedeutung für Pflegeschulen und deren LP, Einfluss auf die Gesundheit / Kritik
Klapprath et al., 2020	Artikel einer Fachzeitschrift. Peer reviewed	S. 446: 360 Lehrkräfte von verschiedenen Schulformen in Deutschland (Grundschule, Gesamtschule/Sekundarstufe I, Gymnasium, Förderschule), 77 % weiblich, 23 % männlich. Durchschnittsalter 43,7 Jahre (SD = 10,8). Soziodemografische Daten	Deutschland	Ziel der Erhebung: Ausmaß des Stresses, den die LP während der Schließung der Schulen erlebten, ihre Strategien zur Bewältigung des Stresses, sowie externe und interne Barrieren des Fernunterrichtes erheben. Querschnittserhebung, Online Fragebogen (S. 446). Mithilfe des COPE-Fragebogens (Carver et al., 1989) (Selbstbeurteilungsinstrument,	13. März – 23. April 2020	Übertragbarkeit ggf. möglich, weil LP in Deutschland überwiegend mit den gleichen Herausforderungen konfrontiert waren, eine Studie mit LP von Pflegeschulen wäre wünschenswert. Keine LP von BFS für Pflege, überwiegend Frauen, kleine Stichprobe

135

		das aus 52 Items mit 14 theoretisch begründeten Unterskalen: Aktive Bewältigung, Planung, Verleugnung, Unterdrückung konkurrierender Aktivitäten, zurückhaltende Bewältigung, instrumentelle Unterstützung, emotionale Unterstützung, positive Umdeutung, Akzeptanz, Religion, Ablassen von Emotionen, verhaltensbedingter Rückzug, mentaler Rückzug und Alkohol-Drogen-Rückzug Die selbstentwickelte verkürzte Version (27 Items, die alle 14 Bewältigungsstrategien repräsentierten) interne Konsistenz der neu erstellten Skalen war ausreichend, mit α = .73 (S. 447)				
	Rekrutierung über berufliche Netzwerke, Ad-hoc-Stichprobe					
Dreer & Kracke, 2021	Buchkapitel/-artikel in einem Sammelband	1263 Thüringer LP 75 % weiblich (für Thüringen aber repräsentativ), anor-	Deutschland	Ziel: Anforderungen, Belastungen, Ressourcen und Motivation der LP erfassen durch querschnittliche online Befragung während der Schulschließungen.	30.03. und 05.04.2020	Ggf. auf Pflegeschulen übertragbar, nur Korrelationen und keine Kausalitäten abbildbar (S. 60)

Quelle	Stichprobe	Land	Methode	Ergebnisse
	male Altersverteilung, hauptsächlich Gymnasial- und Regelschul-LP, < als 10% LP von berufsbildenden Schulen (S. 50)		Grundlage war das Job-Demands-Resources-Modell (Demerouti et al., 2001). Daraus wurde ein Fragebogen, angepasst an die Situation entwickelt, anonym und freiwillig (S. 45, S. 48). Die genannten Ressourcen für die Herausforderungen werden als Grundlage betrachtet, die gesundheitsförderlich erhalten oder erweitert werden sollten.	Da die Befragung online stattfand ist es möglich, dass eine digitale Affinität der teilnehmenden LP vorlag, sodass eine Verzerrung nicht ausgeschlossen werden kann (S. 50). „Mehr Zufriedenheit und weniger Belastung"; „Kompetenzerleben" (die Herausforderungen auch bewältigen zu können) und Autonomieerleben (S. 56).
Ferren, 2021 Center for American Progress Noch nicht peer-reviewed	K-12-Lehrpersonal	USA	Deskriptive Zusammenfassung bisheriger Ergebnisse aus verschiedenen Quellen bezogen auf K-12-Lehrpersonal in den USA.	/	-SEL hilft, die Stressoren des Lehrberufes zu managen und hilft den LP mit diesen umzugehen (S.1). -Positiver Nutzen für LP, Schulgemeinschaften und SuS: Steigert das Wohlbefinden der LP und auch die soziale und emotionale Entwicklung der SuS, wenn es von LP unterrichtet wird,

die selbst darin geschult sind (S.5).

-Schulleitungen mit SEL-Fähigkeiten, die diese auch innerhalb der Schule anwenden, haben ein besseres Schul- und Arbeitsklima vorzuweisen. Positiver Effekt auf die Effektivität der LP (S. 5).

-Die SEL-Unterstützung für LP: senkt das Stressniveau, verringert die Fluktuation, verbessert die Mitarbeiter*innenbeteiligung, erhöht die Fähigkeit ein gutes emotionales und soziales Vorbild für die SuS zu sein (S.5).

Umsetzbarkeit sollte anhand der Implementierung und Evaluation von SEL an Pflegeschulen getestet werden

Pate, 2020	/	Merk-blatt/Bro-schüre für praktische Informatio-nen und An-leitungen zur Selbst-fürsorge für LP in der Pandemie (S. 1) → kein wissen-schaftlicher Standard; Herausge-ber: Center to Improve So-cial and Emotional Learning and School Safety bei WestEd in Kooperaticn mit dem	USA	/	/	Allgemeine Tipps zur Selbstfürsorge werden auf die Lage in der Pan-demie übertragen → Übertragbarkeit auf alle Schulen und LP ist an-zunehmen

	U.S. Department of Education					
Eryilmaz & Basal, 2021	Journal Article: Peer-reviewed	201 LP (37 Männer und 164 Frauen, zwischen 23 und 64 Jahren, keine LP von BFS oder Pflegeschulen, Schulform aber grundsätzlich unklar) (S. 556)	Türkei	Online Erhebung Ziel: Den vermittelnden Effekt von Bewältigungsstrategien für COVID-19 in Beziehung zu dem subjektiven Wohlbefinden und dem Streben nach Zielen der LP zu untersuchen Analyse mit dem Strukturgleichungsmodell: Abhängige Variable (subjektives Wohlbefinden), unabhängige Variablen (Bewältigungsstrategien und Zielstreben): Positiv-Negativ-Affekt-Skala (PANAS), Skala zur Lebenszufriedenheit (SWL), Skala "Streben nach Zielen", The Coping Strategies for Pessimism Activated Events Scale (S. 10f.)	Unbekannt	Wenige Teilnehmer*innen und keine LP von BFS oder Pflegeschulen → ggf. nicht übertragbar Einsatz von Bewältigungsstrategien und das Streben nach Zielen haben einen positiven Einfluss auf das subjektive Wohlbefinden (S. 558)

| Esici et al., 2021 | Journal Article: Peer-reviewed | Einzelinterviews: 5 männliche und 9 weibliche LP aus unterschiedlichen Regionen der Türkei, von 24 bis 47 Jahren, keine LP von BFS

Online-Fragebogen: 39 männliche und 39 weibliche LP von 23 bis 53 Jahren, keine LP von BFS

Kleine Stichprobe mit maximaler Variation, um die Vielfalt der Personen, die von den Problemen | | Türkei | Qualitativer, phänomenologischer Ansatz (S. 161ff.) von einem Forscher durchgeführt

(S. 161ff.)
Standardisierte Einzelinterviews mit 6 offenen Fragen per Video/Telefon mit Audioaufnahmen, Dauer ca. 35 – 55 Minuten

Online-Fragebogen ebenfalls mit den 6 offenen Fragen ohne Zeit- und Zeichenbeschränkung, die Fragen wurden den Teilnehmer*innen vorab zugesendet

Ziel: Unter anderem Bedürfnisse der LP ermitteln, aus | | Unbekannt | Die aus den Bedürfnissen der LP abgeleiteten Interventionen lassen sich wohl auch auf andere LP und Schularten übertragen

Die Bedürfnisse resultieren aus ihren negativen Erfahrungen, die auch einen negativen gesundheitlichen Effekt haben können (S. 163)
→ Auswirkungen wie in Deutschland (Angst, Sehnsucht, Familienkonflikte, Furcht, Hilflosigkeit und Verzweiflung sind die negativen Auswirkungen |

		der Pandemie betroffen sind abzubilden (repräsentieren alle geografischen Regionen in der Türkei, Alter und Dienstzugehörigkeit schwanken, z.T. unterschiedliche Ausbildung und Fachgebiete und Schulformen (S. 161)	denen sich gesundheitsfördernde Interventionsansätze ableiten lassen, LP machen Verbesserungsvorschläge und Vorschläge für Interventionen			
MacIntyre et al., 2020	Journal Article: Peer-reviewed	600 Sprachlehrer*innen (80% Frauen, insgesamt eine lange Lehrerfahrung), nicht repräsentativ, Rücklaufquote unklar, unterschiedliche Schulformen (S. 5) S. 6: Die Befragten wurden informiert, dass sie die Befragung jederzeit abbrechen können, wenn sie sich besonders verletzlich fühlten oder es	Online-Umfrage, Erfassung von Stressoren und 14 Bewältigungsstrategien (Instrument: Brief-COPE) und deren Korrelaten mithilfe von Regressionsanalysen (S. 5)	International (über 51% aus Europa) (S. 5)	15.-19. April 2020 (S. 5)	Die Korrelationen zeigen, dass positive psychologische Ergebnisse (Wohlbefinden, Gesundheit, Glück, Resilienz und Wachstum während des Traumas) positiv mit der Annäherungsbewältigung und negativ mit der Vermeidungsbewältigung korrelierten. (S.1) Übertragbarkeit wohl mögliches, es wäre eine Studie wünschenswert, um zu erfahren, welche der Bewältigungsstrategien des Instruments

		ihnen unangenehm wird. Es wurde vermutet, dass die Reflexion der Erlebnisse negative Gefühle verursachen können, bei LP, die gesundheitlich/psychisch angeschlagen sind			LP von Pflegeschulen verwenden würden
Jelińska & Paradowski, 2021	Journal Article: Peer-reviewed	1487 Teilnehmer*innen aus 118 Ländern, unterschiedliches Alter, Schulformen, Abschlüsse, (maximale Variation) (S. 303)	Maßgeschneiderte multinationale Online-Befragungsstudie, 441 Faktoren wurden untersucht (S. 303f.). Beantwortung des Fragebogens dauerte oft mehr als 45 Minuten, d.h. die LP waren motiviert und konnten sich mit den Themen identifizieren → schränkt Verallgemeinerbarkeit ein (S. 319), Clusteranalyse	April bis September 2020	Übertrag scheint durch die Variation an unterschiedlichen LP möglich
		118 Länder, auch Europa (z.B. Polen, UK) (S. 309)	Ziel: Unter anderem Faktoren ermitteln, die das Engagement und die Bewältigung der LP beeinflussen.		Die engagiertesten LP bewältigten den Übergang zur Fernlehre am besten

143

Canadian Teachers' Federation, 2020	Research Report. Nicht peer-reviewed	Insgesamt 13.770 rückläufige Antworten: Die Teilnahme war freiwillig und es durften auch Antworten ausgelassen werden, Rekrutierung über soziale Medianplattformen z.B. Twitter/Facebook, unterschiedliche Schulformen (S. 3)	Kanada	Zugehörig zu einer Längsschnittstudie von Juni 2020 (Phase 1), Online -Umfrage Ziel: Psychische Gesundheit, emotionales und physisches Wohlbefinden, Stressniveau der LP eruieren, Auswirkungen des Lehrberufes während der Pandemie auf die LP eruieren, (S. 3) → Hohe Rücklaufquote und dadurch repräsentativ, allerdings noch nicht peer-reviewed	16. – 25. Oktober 2020 (S. 3)	Aufgrund der Antworten der LP bezüglich der Herausforderungen und Belastungen im Lehrberuf während der Pandemie und der anschließenden Analysen wurden auf unmittelbarer, institutioneller und gesellschaftlicher Ebene Schlüsselfaktoren ermittelt, die sich sowohl positiv, als auch negativ auf die psychische Gesundheit und das Wohlbefinden auswirken können (S. 20f.). → Keine spezifischen Interventionsansätze, aber Bereiche, die dabei bedacht werden müssen. Übertragbarkeit ggf. möglich

Kwatubana & Molaodi, 2021	Journal Article: Peer-reviewed	/	National (Bulgarien) und international	Literaturrecherche von nationalen und internationalen Studien bezüglich der Führungsstile von Schulleitungen und ob diese das Wohlbefinden von LP in der Corona-Pandemie positiv beeinflussen.	/	Übertragbarkeit kann gelingen, es sollte an Pflegeschulen implementiert und evaluiert werden Das Verhalten und der Führungsstil von Schulleitungen können einen Einfluss auf die Gesundheit der LP haben
Shen & Slater, 2021	Journal Article: Peer-reviewed	87 vollzeitarbeitenden Hochschullehrer*innen (S. 84), 55% weiblich (S. 86)	Nordirland	Deskriptive online Querschnittserhebung mit Selbstbefragung (S. 84ff.) Aktueller Stand der des Beruflichen Stresses und Bewältigungsstile, der psychischen Gesundheit und das emotionale Wohlbefinden erfassen und die Auswirkungen des Stresses auf die Gesundheit zu erheben. Messung der Coping-Strategien: Der Brief-COPE (Carver, 1997) ist ein 28 Items umfassender Selbstauskunftsfragebogen (14 Subskalen) zur Messung	Mai – Juli 2020	Freies Erzählen sollte ermöglicht werden Methodenkritik (S. 90): Die Teilnehmer stammten von einer einzigen Universität, was die Repräsentativität der Stichprobe und eine Verallgemeinerung der Ergebnisse auf eine breitere Population erschwert (S. 90). Niedrige Rücklaufquote von 12,4%, kleine Stichprobe, Hochschullehrkräfte – ggf. nicht übertragbar auf LP an BFS

	für Pflege Freies berichten durch die Anonymität wird verfolgt
	Beruflicher Stress hat einen signifikanten Einfluss auf die psychische Gesundheit und das emotionale Wohlbefinden (S. 91) Bewältigungsstrategien wurden in dieser Studie nicht signifikant mit der psychischen Gesundheit von Akademikern in Verbindung gebracht (S. 90)
effektiver und ineffektiver Wege zur Bewältigung eines belastenden Lebensereignisses. Die Punktzahl reicht von 1 bis 4, wobei 1 für "Ich habe dies überhaupt nicht getan" und 4 bedeutet "Ich habe dies sehr oft getan". Eine gekürzte Version, bestehend aus 18 Items mit neun Subskalen (aktive Bewältigung, Substanzkonsum, emotionale Unterstützung, instrumentelle Unterstützung, Verhaltensmuster Verhaltensänderung, positives Reframing, Planung, Akzeptanz und Religion), die sich auf die Bewältigung in Covid-19 beziehen, wurde verwendet (S. 85).	Positives Reframing und akzeptierende Bewältigungsstile beeinflussten das emotionale Wohlbefinden (S. 90) → Korrelation, nicht zwingend Kausalität, bzw. die Richtung der Kausalität ist unklar (S. 90)
Die Gültigkeit und Reliabilität aller verwendeten Skalen wurde aus einem 5 akademischen Mitarbeitenden der Fakultät bestehenden Expertengremium, die die Forschung an der Universität leitet, untersucht	

Scharinger, 2020	Praxisleitfaden zur Gesundheitsförderung in Krisenzeiten	/	Deskriptive Zusammenfassung aus der sich Bewältigungsstrategien ableiten lassen.	Österreich	/	Gesundheitsförderung durch soziale Verbundenheit, Kompetenzerleben, Selbstwirksamkeit (S. 40f.)
			die Validität der Instrumente vor der elektronischen Verteilung. Die Cronbachs Alpha-Koeffizienten der einzelnen Skalen waren größer als 0,7 (siehe Tabelle 1), was darauf hindeutet, dass die in der vorliegenden Studie verwendeten Messinstrumente eine eine angemessene Zuverlässigkeit der internen Konsistenz aufwiesen (S. 85f.).			Allgemeine Interventionen für das Setting Schule, eine Übertragbarkeit scheint gewährleistet zu sein

| Wis-niewski, 2020 | Begleitmaterial einer Online Schulung, die von Bayerischen Staatsministerium für Unterricht und Kultus organisiert wird. | / | Deutschland | / | →Keine Studie, sondern allgemein bekannte gesundheitsfördernde Ansätze sollen auf die pandemischen Bedingungen von LP angewendet werden. Schutzfaktoren für die Gesundheit: Kohärenzsinn, Distanzierungsfähigkeit, Selbstwirksamkeitserwartungen, Achtsamkeitssteuerung (S. 8f.) |
| NCoC (National Center of Competence), 2021: - Fraundorfer - Scharinger & Gugglberger - Gerick - Schuch | Das NCoC für psychosoziale Gesundheitsförderung an der Pädagogischen Hochschule Oberösterreich Handreichung | / | Österreich | / | Eine 217-seitige Handreichung veröffentlicht, in der sie sowohl theoretisches Hintergrundwissen, als auch praktische Anwendungstipps bezüglich der Gesundheitsförderung für Schulen und LP geben. Diese sind meist bekannte gesundheitsförderliche Interventionen, die bezüglich der Pandemie nochmals aufgegriffen werden. Allgemein übertragbare gesundheitsfördernde Interventionen |

- Kranebitter & Schiestl - Poterpin - Vaitl - Stürzebecher					
Sprung 2021b	Interview mit und Aussagen von dem Präsidenten des Deutschen Lehrerverbandes → erlebt diese Problematik nicht selbst, aber seine berufliche Position lässt den Schluss einer adäquaten Äußerung zu	/	Deutschland	/	Wünsche und Bedürfnisse von LP werden beschrieben → Reduktion von Stress und die daraus möglichen Folgen für die Gesundheit, indem direkt auf die Belastungen reagiert wird Übertragbarkeit ist ggf. möglich

149

Hidalgo-Andrade et al., 2021	Journal Article: Peer-reviewed	394 LP, meist Hochschullehrpersonal, Gewinnung der Teilnehmer durch das Schneeballprinzip: ggf. Überrepräsentation von Teilnehmer*innen mit gutem Internetzugang (S. 941)	Ecuador	Ziel: Psychische Belastungen, Lebenszufriedenheit, wahrgenommene Stress und Bewältigungsstrategien erfassen. Webbasierte Querschnittserhebung (Fragebogen). Die Bewältigungsstrategien wurden durch eine offene, fakultative Frage ermittelt. →Methodik: Sie verweisen auf die Studie von MacIntryre et al. (Brief-COPE: Drei häufigsten Strategien unterscheiden sich). Auf der Grundlage der bestehenden Kritik (vorgegebene Kategorien) an quantitativen Ansätzen zur Bewältigung, wurde hierbei deshalb ein qualitativer Ansatz gewählt (S. 940)	Juni bis Mitte August 2020	→kleine Stichprobe, ggf. nicht auf Deutschland und LP von Pflegeschulen übertragbar (Ggf. nicht auf andere LP aus anderen Schulen übertragbar, S. 941)
						Dienen der Burn-Out Prävention (S. 940): Burnout korreliert negativ mit der Anwendung von positiven und aufgabenorientierten Strategien; es gibt aber keinen Zusammenhang zwischen Burnout und negativen Strategien, z.B. Vermeidungsstrategien (S. 940) (Zeigten auch schon andere Studien) Außerdem erhalten viele LP ihr emotionales Wohlbefinden durch Aktivitäten, die direkt mit ihrer Arbeit und der Verbesserung ihrer Unterrichtsqualität zusammenhängen - Diese Aktivitäten könnten eine

Form der Problemlösung sein, die in einem negativen Zusammenhang mit Stress steht (S.940). Die Ergebnisse dieser Studie unterstützen frühere Empfehlungen. Empfehlungen zur Bereitstellung persönlicher und materieller Ressourcen, die digitalen Fähigkeiten von Lehrern und Schülern zu verbessern (S. 940). Bildungseinrichtungen könnten virtuelle Workshops fördern für körperliche Betätigung, soziale Kontakte und Freizeitaktivitäten (S. 941) Die Ergebnisse stehen auch im Einklang mit früherer Forschung, die zeigt, dass die Aufnahme und Aufrechterhaltung von Hobbys mit einer besseren psychischen Gesundheit und weniger Symptomen

Abas. 2021	Studie Peer-review-Status unbekannt	140 konfessionell gebundene LP der konfessionellen Universität (S. 7); Rücklaufquote von nur 59 % (S. 19)	Philippinen	Ziel: Einfluss von Bewältigungsstrategien auf das Stress- und Motivationsniveau der LP während der Pandemie auszuwerten (S. 6) Quantitatives, nicht-experimentelles und korrelationales Forschungsdesign (S. 6): Selbst entworfener online Fragebogen, teilweise an das Brief-COPE-Inventory von Carver (1999) angelehnt Kriteriumsmethode – verbale Interpretation wurde erstellt (S. 8) Auswertung der 4. Frage (Gibt es einen signifikanten Einfluss von Bewältigungsstrategien auf das Stress- und Motivationsniveau der Befragten während der COVID-19-Pandemie?): Verwendung von lineare Regression mit Bewältigungsstrategien als unab-	unbekannt	von Angst und Depressionen zusammenhängt. (S. 940) →ggf. nicht auf Pflegeschulen in Deutschland übertragbar: Geringe Rücklaufquote und geringe Teilnehmeranzahl. Einfluss der konfessionellen Zugehörigkeit ist unklar, Peer-review Status unbekannt Regressionsanalyse: Kein signifikanter Einfluss der Bewältigungsstrategien auf das Stressniveau der Befragten (p = 0,103) (S. 15, Tabelle 11) → vorgegebene Strategien, die für die Befragten ggf. nicht geeignet sind? Frauen fühlten sich insgesamt belasteter und gestresster als Männer (S. 16), sagt auch Klapproth et al. (2020)

| Kim et al., 2021 | Journal Article: Peer-reviewed, Early-view | S. 4: 24 Grund- und Sekundarschullehrern (staatliche Primar- und Sekundarschulen)

6 Männer und 18 Frauen

Erfassung soziodemographischer Daten | England | hängige Variable und Stressniveau und Motivation als abhängige Variablen (S.8);

(S. 3ff.): Ziel: Erfassung von MHWB-Erfahrungen (Mentale Gesundheit und Wohlbefinden).
Mischung aus induktivem und deduktivem Kodieren, basierend auf dem Job-Demands-Ressourcenmodells, um die Arbeitsanforderungen (Aspekte der Arbeit, die physisch oder psychisch belastend sein können) und Arbeitsressourcen (Aspekte der Arbeit, die die Auswirkungen der Arbeitsanforderungen abfedern und Leistung und Wachstum fördern können) zu identifizieren

Qualitativen Längsschnittanalyse: Insgesamt 71 halbstrukturierte online Interviews mit teilweise offenen Fragen | Über drei Zeitpunkte (April, Juli und November 2020) (S. 4) | Differenzierung: Signifikanter Einfluss der Bewältigungsstrategien auf das Stressniveau bei alleinstehenden Frauen zwischen 25 – 35 Jahren (S. 16f., Tabelle 14)

Kritik: Positiv: Längsschnittanalyse, negativ: ggf. nicht auf deutsche LP an Pflegeschulen übertragbar, kleine Teilnehmeranzahl, mehr Frauen, retroperspektives Studiendesign - einige Teilnehmer konnten sich nicht mehr an frühere Gefühle erinnern → ggf. verzerrt (S. 20f.)

Drei berufliche Ressourcen trugen positiv zu ihrem MHWB bei und federten die Belastungen ab:
-Soziale Unterstützung (S. 14f.) (Stärkster positiver Einfluss)
-Arbeitsautonomie: (S. 15f.) |

153

Chan et al., 2021	Journal Article: Peer-reviewed	151 Grundschullehrer (< 80 % Frauen, < 70 % aus Kalifornien) (S. 535)	USA	Wohlbefinden der Lehrkräfte und die Unterstützung, die sie für eine effektive Arbeit benötigen, zu bewerten. Online-Umfrage über E-Mail oder soziale Medien mit einem gemischten Methodenansatz: Die Teilnehmer*innen wurden gebeten, rückblickend über ihre Erfahrungen als Lehrer im Frühjahr 2020 zu berichten, nachdem die Schulen wegen COVID-19 geschlossen worden waren. (S. 535)	Sommer 2020 (S. 535)	Alle drei Arbeitsressourcen zeigten signifikante und positive Zusammenhänge mit der Arbeitszufriedenheit (Autonomie des Lehrers: $\alpha = .14$, $p < .05$; Verbundenheit mit der Schule: $\alpha = .34$, $p < .001$; Wirksamkeit des Lehrers (eigene Kompetenzen): $\alpha = .16$, $p < .05$). Darüber hinaus war die Verbundenheit
						-Bewältigungsstrategien (S. 7f.; S. 16f.; S. 27, Tabelle 1) Kritik: negativ: ggf. nicht auf deutsche Pflegeschulen übertragbar, kleine Anzahl an Teilnehmenden, hoher Frauenanteil Positiv: Peer reviewed, gemischter Methodenansatz, weil weder der qualitative, noch quantitative Ansatz separat ausreichen (S. 535)

154

mit der Schule negativ mit emotionaler Erschöpfung verbunden (α = -.15, p < .05). (S. 539)	
Rollenambiguität tritt auf, wenn Lehrkräfte über ihre beruflichen Erwartungen und deren Erfüllung im Unklaren sind (Informationsmangel, Unvorhersehbarkeit) (S. 536): negativer Zusammenhang mit der Arbeitszufriedenheit, aber nicht mit der Erschöpfung (S. 539)	
Aufgabenstress: Jeglicher Stress, der bei der Ausführung bestimmter berufsbezogener Aufgaben auftritt (Überstunden, Einhaltung von Standards) (S. 536): positiven Zusammenhang mit emotionaler Erschöpfung, aber nicht mit der Arbeitszufriedenheit (S. 539)	

Steiner & Woo, 2021	Studienveröffentlichung vom *Center for American Progress* Peer-reviewed Status unklar, wird aber angenommen	K-12-LP, 1006 Antworten, (Rücklaufquote 55 %), national repräsentativ	USA	Umfrage im Rahmen des American Teacher Panel von RAND LP (S. 3) – qualitative Auswertung von offenen Fragen	Ende Januar bis Anfang Februar 2021 (S.3)	→Übertragbarkeit möglich, aber unterschiedliche Finanzierung Allgemeine gesundheitsförderliche Interventionen auf die Bedürfnisse und Herausforderungen der LP angepasst
Truzoli et al., 2021	Journal Article: Peer-reviewed	107 Gymnasiallehrer: 38 männlich, 69 weiblich, Durchschnittsalter = 49.8, SD = 10.1 (S. 943)	Italien, Lombardei	Online Fragebogen	April und Mai 2020 (S. 944)	Kleine Stichprobe, höheres Durchschnittsalter, Übertragbarkeit ist wahrscheinlich Schutzfaktoren verringern die negativen psychologischen Folgen (S. 948), verbessern das psychische Wohlbefinden und ist mit weniger Stress, Angst und Depressionen verbunden (S. 948), Steigerung des

						Selbstvertrauens (S. 948), persönliche Coping-Strategien können dazu beitragen die neuen Erfahrungen positiver zu bewerten (947ff.)
Zadok-Gurman et al., 2021	Journal Article, Peer-reviewed	35 LP in der Interventionsgruppe und (32 LP in der Vergleichskontrollgruppe) (S. 1) 86,6 % weiblich. Durchschnittsalter 45 Jahre (S. 5) → Nach einer Analyse ergaben sich keine Unterschiede der Ausgangswerte aufgrund des Geschlechtes und des Alters (S. 9)	Israel - Jerusalem	Ziel: Die Wirkung einer gemischten Inquiry-Based Stress Reduction (IBSR), einer Achtsamkeits- und kognitiven Reframing-Intervention, auf das Wohlbefinden, den Stress, Burnout, Achtsamkeit, Resilienz von LP während der Corona Pandemie zu untersuchen (S.1): Prospektive kontrollierte, nicht randomisierte Studie mit einer Interventionsgruppe (N = 35) und einer Vergleichskontrollgruppe (N = 32) (S. 1) Durchführung als Blended Learning (Präsenzlernen und Online) (S. 1)	November 2019 – Mai 2020	Übertragbarkeit sollte anhand einer Studie mit LP von Pflegeschulen getestet werden. Ggf. mit einer größeren Stichprobe. (ggf. zukünftig mit mehr Männern und randomisierte Studien) (S. 11f.) -Die IBSR-Intervention als Blended Learning verbesserte das subjektive und psychische Wohlbefinden deutlich signifikant im Vergleich zur Kontrollgruppe, in der es sogar abnahm (S. 6).

Autor / Quelle	Ziel	Methode	Land		Ergebnisse	Übertragbarkeit
	Erfassung soziodemografischer Aspekte (S. 9)	IBSR: Für insgesamt 20 Wochen gab es insgesamt zehn Gruppensitzungen, zwei Mal wöchentlich für jeweils 2.5 Stunden und zwei Mal wöchentlich Einzelsitzungen je eine Stunde mit einem Moderator (S. 3). ab März online wegen dem Lockdown Mithilfe eines standardisierten Schulungshandbuchs wurden die Sitzungen bewertet und mit einer Intention-to-treat-Analyse ausgewertet (S. 1, S. 3) Hohe interne Konsistenz für jedes Instrument (S. 9)	Kanada		– Zunahme an positiven Gefühlen und der Lebenszufriedenheit (S. 7) -stärkte die Resilienz (S. 7) - Die Achtsamkeit nahm zu (S. 7) - weniger starke Zunahme an Erschöpfung (S. 8) - keine Auswirkungen auf das tätliche Stressempfinden (S. 8)	
BC Teachers' Federation, 2020	Kurzbericht über die aktuellen Bedingungen und politischen Empfehlungen für eine Verbesserung	/	Keine Methode Deskriptive Zusammenfassung verschiedener Quellen	/	Allgemeine Aspekte, die das Wohlbefinden der LP steigern und einen möglichen Einfluss auf eine Gesundheitsförderung haben Übertragbarkeit ggf. möglich	

der psychischen Gesundheit von kanadischen LP während der COVID-19-Pandemie (S. 1) Nicht peer-reviewed						Keine LP von BFS oder Pflegeschulen, dennoch ggf. Übertragung möglich Mit der Erschöpfung korrelierten am stärksten signifikant positiv: Unterstützung durch Kolleg*innen, Partner*in/Familie, Freunde, Einweisung in die Technik/Technologie, Schlaf, Beratung/Therapie. Einzige signifikante negative Korrelation: Unterstützung von Admi-
Sokal et al., 2020	Journal Article, Peer-reviewed-Status unklar	1278 LP von Kindergärten bis 12. Klasse, Rekrutierung über das Schneeballsystem durch Weitergabe des Links,	Kanada	Die LP wurden untersucht, ob das Modell der beruflichen Anforderungen und Ressourcen ein nützliches Instrument zur Untersuchung von Burnout bei LP in diesem noch nie dagewesenen Kontext ist. (S. 67) Anonyme online-Umfrage mit insgesamt 92 Fragen, Dauer ca. 15 Minuten, quantitatives Design Erhebung der Ressourcen: Eine Liste von 15 potentiellen Ressourcen (kontextbezogen auf den Fernunterricht und	22.04. – 06.05.20	

Mungroo, 2020	Das Webinar brachte die Erfahrungen von LP und Schulleitern südafrikanischer Schulen und das Fachwissen nationaler und internationaler Forscher (aus Deutschland, Amerika, Australien) zusammen.	/	Südafrika Und deskriptiv international	Ziel: Ressourcen und Bewältigungsmechanismen von LP eruieren, die bei der Bewältigung der Auswirkungen von COVID-19 auf deren Wohlbefinden unterstützen Deskriptive Zusammentragung von Inhalten	/	Übertragbarkeit auf Deutschland und die Pflegeschulen ist anzunehmen

auch persönlich) wurden vorgelegt, sie sollten angeben inwiefern sie diese nutzen (Likert-Skala von 1 (überhaupt nicht) bis 6 (sehr viel). → Nur vorgegebene Ressourcen -

nistratoren→ Unterschied zu anderen Forschungsergebnissen

Quelle	Art/Qualität	Stichprobe	Land	Methode	Zeitraum	Ergebnisse
Matiz et al., 2020	Journal Article, Peer-reviewed	66 italienische Lehrerinnen (Alter: 51,5 ± 7,9 Jahre) (S. 1). unterschiedliche Schulformen (S.4) Alter ggf. überdurchschnittlich hoch	Italien	Einen Monat vor und einen Monat nach dem Lockdown sollten sie sich selbstreflektieren anhand eines Instrumentes bezüglich Achtsamkeitsfähigkeiten, Empathie, Persönlichkeitsprofile, interozeptives Bewusstsein, psychologisches Wohlbefinden, emotionaler Stress und Burnout-Niveau Zwischenzeitlich führten sie einen 8-wöchigen Kurs in achtsamkeitsorientierter Meditation (MOM), der aus zwei Gruppensitzungen und sechs individuellen Videokursen bestand durch (S. 1)	Zeit des ersten Lockdowns	Sowohl bei LP, mit einer anfänglich eingeschätzten geringen, als auch hohen Resilienz zeigten sich signifikante Verbesserungen bei Angst, Depression, affektiver Empathie, emotionaler Erschöpfung, psychologischem Wohlbefinden, interozeptivem Bewusstsein, Charaktereigenschaften und Achtsamkeitsniveau (S. 9ff.) →Ein Übertrag kann möglich sein, es sollte ebenfalls eine Studie mit

Seitenbenennungen fehlen und können deshalb nicht angegeben werden.

| International Task Force on Teachers for Education 2030, 2020 | „International Task Force on Education 2030 ist ein globales Netzwerk von über 90 Regierungen und etwa 50 internationalen und regionalen Organisationen [...] die sich für die Förderung von Lehrern | / | International | Deskriptive Zusammentragung von Inhalten | / | LP von Pflegeschulen durchgeführt werden | Allgemeine Vorschläge, wie mit der Pandemischen Situation als Land/Bildungssystem/Schule umgegangen werden soll → Eine Übertragbarkeit auf Pflegeschulen ist anzunehmen |

	und Unterrichtsfragen einsetzen." (S. 2)					
Kumpikaité-Valiünené et al., 2021	Journal Article, Peer-reviewed	S. 8: 1851 LP (ca. 89 % weiblich, entspricht aber dem Landesdurchschnitt) Rekrutierung über die Bildungseinrichtungen per E-Mail Schulformen: Sekundar-, Weiterbildungs- und Hochschuleinrichtungen (52,3 % unterrichteten an Berufsschulen, Gymnasien, mehreren Einrichtungen)	Litauen	Empirisches, quantitatives Design (S. 1, S. 7) Ziel: Es wurde untersucht, ob die institutionelle Unterstützung auf das subjektive Wohlbefinden der LP während des Lockdowns und der Umstellung auf die Fernlehre einen Einfluss hat (S. 1). Erfassung des Wohlbefindens mit dem WHO-Wohlfühl-Index gemessen (enthält fünf Aussagen bezüglich des Wohlbefindens in einem bestimmten Zeitraum) (S. 7). Das Burnout wurde mithilfe des CBI erfasst (Fragen wurden umformuliert) (S. 7)	28. April – 17. Mai 2020	Institutionelle Unterstützung wirkt sich positiv auf die Work-Life-Balance und das subjektive Wohlbefinden aus, verringert arbeitsbezogenen, klientenbezogenen und persönliches Burnout-Niveau (S. 12) Ein Übertrag ist ggf. möglich, eine eigene Studie mit dem LP von Pflegeschulen wäre wünschenswert

→Unklar, ob LP von angehenden Pflegekräften dabei waren	Work-Life-Balance wurde erfasst mit dem Work-Life-Balance-Instrument von Daniels und McCarraher (2020) (S. 7) → Validität bestätigt
Erfassung soziodemografischer Aspekte	Als institutionelle Unterstützung galt: -Technische Unterstützung für die Fernlehre (S. 7) -Ausreichend personelle Ressourcen, die Hilfe/Beratung für die Online-Lehre leisten (S. 7, S. 15)
	Technologische und emotionale Unterstützung (S. 15) Finanzielle Unterstützung für eine bessere Ausstattung bei der Online-Lehre zuhause (S. 15)

Anhang J - Kategorien der gesundheitsfördernden Aspekte (1. – 10.)

1. Gesundheitsförderliche Rahmenbedingungen und Umgebungsfaktoren
2. Soziale Vernetzung: Austausch, Interaktion, Kommunikation
3. Gesundheitsförderung auf institutioneller Ebene: Ministerien, Verwaltungen, Schulleitungen
4. Gesundheitsförderung auf gesellschaftlicher Ebene
5. Schulungen, Fort- und Weiterbildungen der LP
6. Persönliche Ressourcen und Schutzfaktoren
7. Aktive, individuelle Gesunderhaltung
8. Professionelle Hilfe und Beratung
9. Anwendung von speziellen gesundheitsförderlichen Interventionen
10. Bewältigungsstrategien nach dem COPE-Instrument nach Carver et al.

---

1. Gesundheitsförderliche Rahmenbedingungen und Umgebungsfaktoren:
Durch institutionelle Unterstützung oder eigenverantwortlich

- **Gesundheitsschutz:**
  - Impfangebote, FFP2-Maskten, Raumluftfilteranlagen (Sprung, 2021b, S. 16)
  - Zu öffnende Fenster, Luftreiniger, Filtersysteme sollten zur Verfügung gestellt werden oder verbessert werden (Steiner & Woo, 2021, S. 17)
- **Ausbau und Implementierung von technischer/digitaler Infrastruktur und Rahmenbedingungen:**
  - Schnelles, flächendeckendes, funktionierendes Internet und Lernplattformen (Esici et al., 2021; Jelińska & Paradowsi, 2021,165f.; Sprung, 2021b, S. 16)
  - Die notwendige Hard- und Software sind essentiell (Klapproth et al., 2020, S. 451)
  - Die überwiegende Mehrheit der LP betrachtete das Fehlen einer angemessenen Computerausstattung zusammen mit einer geringen

---

Internetanbindung als Haupthindernisse für einen erfolgreichen Unterricht (Klapproth et al., 2020, S. 450)
- Erschaffung einer „Digitalkultur" (Dreer & Kracke, 2021, S. 55)
- (Mungroo, 2020)
• **Interventionen bezüglich des Home-Office:**
- Den Tag strukturieren/Zeitmanagement: Erstellung eines Stundenplanes/Arbeitsplanes (Pate, 2020, S. 6)
- Festgelegte offizielle Arbeitszeiten: Diese sollten klar kommuniziert werden, um deutlich zu machen wann man erreichbar ist und wann nicht (Pate, 2020, S. 6)
- Arbeitsplatz professionell einrichten, funktional unterstützend und fröhlich: Richtige Arbeitshöhe des Bildschirmes, Schreibtisches und Stuhles, ergonomisches Arbeiten ermöglichen, übersichtlich und ordentlich gestalten, Lichtverhältnisse anpassen (Pate, 2020, S. 6)
- Bewusste Pausen: Physische und geistige Pausen machen, am besten den Arbeitsplatz verlassen (raus gehen), möglichst nicht am Arbeitsplatz essen, bewusst essen (Pate, 2020, S. 6)
• **Interventionen bezüglich des (online) Unterrichtes:**
- Belastungen reduzieren (z.B. weniger Aufgabenstellungen, Fokus verlagern vom akademischen Inhalt zu positiven und gesunden Beziehungen) (Pate, 2020, S. 2)
- Die (kognitive) Planung der didaktischen Aktivitäten erleichtert die Durchführung (Truzoli et al., 2021, S. 947ff.)
- Erschaffung einer neuen „Lernkultur" in Bezug auf selbstgesteuertes Lernen (Dreer & Kracke, 2021, S. 55)
• **Gutes Schulklima** (Fraundorfer, 2021, S. 7)

2. **Soziale Vernetzung: Austausch/Interaktion/Kommunikation**
Soziale Unterstützung und Kontakt zu anderen, z.B. zu Freunden, Familie, Kolleg*innen oder SuS erzeugte den stärksten positiven Einfluss auf die mentale Gesundheit und das Wohlbefinden und federte berufliche Belastungen am besten ab (Kim et al., 2021, S. 14f.), (außerdem Arbeitsautonomie und Bewältigungsstrategien). Hidalgo-Andrade et al., bestätigen diese Aussage. Die am häufigsten angewandte Strategie war die soziale Unterstützung (2021, S. 938).

- „Schutzfaktor" für die Gesundheit von LP (Scharinger, 2020, S. 40f.)
- Der wohl protektivste Faktor scheint nach heutigem Wissensstand die Stärkung der Beziehungen und ein respektvoller Umgang zu sein (Fraundorfer, 2021, S. 22, S. 18)
- (Scharinger & Gugglberger, 2021, S. 32)
- „Positive Beziehungsgestaltung" (Schuch, 2021, S. 93ff.)
- Emotionale Unterstützung (Chan et al. 2021, S. 541)
- (Mungroo, 2020)
- Erfahrungen austauschen (International Task Force on Teachers for Education 2030, 2020, S. 1f.)

• **Intensiver Austausch im Lehrerkollegium:**
- (BC Teachers' Federation, 2020, S. 6)
- Identität, Zugehörigkeit, Verbundenheit (Pate, 2020, S. 5)
- Vergleiche der eigenen Leistungen mit den Leistungen der Kolleg*innen, um sich inspirieren zu lassen (Truzoli et al., 2021, S. 947ff.)

- Ggf. über eine Mentorenschaft von außerhalb der Schulen zur gegenseitigen Ermutigung und Unterstützung (Kim et al., 2021, S. 20)
- Kompetenzerweiterung durch gegenseitige Hilfe beim Umgang mit digitalen Medien (Dreer & Kracke, 2021, S. 55)
- Die Herausforderungen von LP lassen sich durch „Konstruktive Beziehungen zwischen den Lehrkräften […] abfedern (Fraundorfer, 2021, S. 7)
- Um die Herausforderungen des Online-Unterrichtes zu bewältigen, z.B. durch tägliche online Besprechungen (Chan et al., 2021, S. 539)

- **Sozialer Kontakt zu den SuS/Eltern:**
- z.B. Online oder über Briefe, Telefonate, Postkarten (Pate, 2020, S, 5)
- (Esici et al., 2021, S. 166)
- (Canadian Teachers' Federation, 2020, S. 20ff.)
- (BC Teachers' Federation, 2020, S. 6)
- Es zeigte sich eine schwache Korrelation: Je häufiger LP Kontakt zu ihren SuS hatten, desto höher war ihre Berufszufriedenheit (Dreer & Kracke, 2021, S. 55f.)
- Qualitativ hochwertige Beziehungen zu den SuS wirken sich positiv für das psychosoziale Wohlbefinden aus (Fraundorfer, 2021, S. 7)
- Unterstützung und Engagement seitens der Eltern und SuS (Chan et al., 2021, S. 540)

- **Soziale Unterstützung von Freunden/Familie/Partner*in:**
- (Eryilmaz & Basal, 2021, S. 551)
- (Esici et al., 2021, S. 165)
- (Truzoli et al., 2021, S. 947ff.)
- (Canadian Teachers' Federation, 2020, S. 20ff.)

3. <u>**Gesundheitsförderung auf institutioneller Ebene - Ministerien/Verwaltungen/Schulleitungen:**</u>

- **Institutioneller Rückhalt ist entscheidend:**
- (Jelińska & Paradowsi, 2021, S. 318)
- Institutionelle Unterstützung wirkt sich positiv auf die Work-Life-Balance und das subjektive Wohlbefinden aus, verringert arbeitsbezogenes, klientenbezogenes und persönliches Burnout-Niveau (Kumpikaitė-Valiūnienė et al., 2021, S. 12)
- Einzige signifikante negative Korrelation mit Erschöpfung: Unterstützung von Administratoren (Sokal et al., 2020, S. 71)
- **Verhalten seitens/Umgang mit der institutionellen Ebene:**
- Wertschätzung und Belohnung der Arbeit steigern das Wohlbefinden (BC Teachers' Federation, 2020, S. 6)
- Informierte, konstruktive Zusammenarbeit und Kommunikation, gemeinsame Problemlösung und Entscheidungsfindung (BC Teachers' Federation, 2020, S. 6; Steiner & Woo, 2021, S. 18f.; Chan et al., 2021, S. 539f)
- Gewährleistung einer kooperativen und beratenden Kommunikation (Kim et al., 2021, S. 20)
- **Eigener Handlungs- und Entscheidungsspielraum:**
- (Sprung, 2021b, S. 16)

167

- Grundvertrauen gegenüber den LP und deren Kompetenzen (Sprung, 2021b, S. 16)
- Neben sozialer Unterstützung und dem Einsatz persönlicher Bewältigungsstrategien hatte das Gefühl, selbst flexibel zu sein, z.B. bezüglich der Pausengestaltung oder dem Arbeiten von zuhause aus und das Gefühl die Kontrolle über die berufliche Situation zu haben einen positiven Einfluss auf die mentale Gesundheit und das Wohlbefinden (Kim et al., 2021, S. 15f.)
- Durch ein höheres Autonomieerleben zeigte sich eine höhere Zufriedenheit und eine geringere berufliche Belastung (Dreer & Kracke, 2021, S. 56)
- Mitsprache und Mitgestaltung (S. 16) - „Partizipation und (Selbst-)Empowerment" (S. 20) – Probleme sollten gemeinsam besprochen werden, damit gemeinsam Lösungsansätze erarbeitet werden können (Fraundorfer, 2021, S. 20), (International Task Force on Teachers for Education 2030,2020)
- Mehr Autonomie bei den Lehrmethoden, um den eigenen Arbeitsstil miteinzubringen, staatliche Standards für Lehrplaninhalte lockern – keine Standards für die Online-Lehre, gelockerte Erwartungen und die Rechenschaftspflicht für Unterrichtsprozesse und -ergebnisse (Flexibilität bei den Fristen und der Notenvergabe, realistische Erwartungen) (Chan et al., 2021, S. 540)
• **Planung, Richtlinien, Protokolle und Klarheit in der Kommunikation:**
- (Canadian Teachers' Federation, 2020, S. 20ff.)
- Pläne zur Vorbereitung ähnlicher Krisensituationen (Esici et al., 2021, S. 169)
- Klare Richtlinien für den Fernunterricht und Standards für die verwendeten Technologien (Laptops, Mikrofone, usw.) entwickeln (Steiner & Woo, 2021, S. 19f.)
- (Chan et al., 2021, S. 539f.)
• **Beschluss und Implementierung von Gesundheits- und Sicherheitsrichtlinien und -protokollen nach aktueller pandemischer Lage:**
- (Canadian Teachers' Federation, 2020, S. 20ff.)
• **Klare Formulierung von beruflichen Erwartungen:**
- (Canadian Teachers' Federation, 2020, S. 20ff.)
- (Chan et al., 2021, S. 539f.)
• **Gesundheitsförderung durch Schulleitungen:**
- Förderung der Gesundheitskompetenz ist eine Aufgabe der Schulleitungen (S. 19): LP sollten genau beobachtet werden und bei Überbelastung entlastet werden (Fraundorfer, 2021, S. 19)
- Grundlegende Entscheidungen treffen und Maßnahmen für den Gesundheitsschutz verantworten (Sprung, 2021b, S. 17)
- Damit die Schulleitungen überhaupt eine Gesundheitsförderung anstreben können müssen auch sie selbst institutionell unterstützt werden (Mungroo, 2020)
- Charakteristika gesundheitsförderlicher Führung (S. 63), Transformationale Führung (S. 64ff.), Salutogene Führung (S. 66f.) (Gerick, 2021)
- Positiver, wertschätzender und anerkennender Führungsstil (Fraundorfer, 2021, S. 7; Mungroo, 2020)
- Verständnis und Geduld (Chan et al., 2021, S. 541)

- (Kwatubana & Molaodi, 2021):
Die Art der Führung seitens der Schulleitungen erfordert in so vielschichtigen Krisen, wie der Corona-Pandemie, eine besondere und
angepasste Führung und Leitung (S. 106). Dies läge wohl auch daran, dass die Mitarbeiter*innen in gewisser Weise erwarten, dass
die Schulleitungen die Auswirkungen der Veränderungen minimieren und sie versuchen die Normalität zu wahren (S. 106).

Das Wohlbefinden und damit auch die Gesundheit der LP sei wich-
tig, weil nur dann ein positiver Einfluss auf das Wohlbefinden der
SuS und deren schulischen Leistungen stattfinden kann
(Kwatubana & Molaodi, 2021, S. 106).

Aufgaben der Schulleitungen:
- Mit den Konsequenzen und Emotionen der Krise umgeben und die
Institution stabilisieren (S. 109)
- Über die Krise hinaus weitsichtig zu planen (S. 109),
- Das Team zusammenhalten, die Teamarbeit und die beruflichen
Beziehungen stärken, damit die LP belastbar bleiben
- Kommunikation über verschiedene Plattformen und Medien kann
die Isolation abmildern (S. 110),
Verteilende/kollektive Führung:
- Ein hierarchischer Ansatz von oben nach unten ist nicht zu emp-
fehlen, die Verantwortung kann und sollte aufgeteilt werden, Dele-
gation ist sinnvoll (S. 110)
- Das Fachwissen der LP im Team sollten die Schulleitungen nut-
zen (S. 110)
- Schulleitungen sollten sich auch um ihr eigenes Wohlbefinden
kümmern (S. 110)

Einfühlsames Führen:
- Schulleitungen sollten empathisch führen und ihre mitarbeitenden
LP unterstützen (Einfühlungsvermögen und Fürsorge) (S. 110)
- Gedanken und Gefühle bezüglich der Herausforderungen sollten
offen kommuniziert werden, um eine drohende Erschöpfung zu verhindern, sie sollten Verständnis für die hohe Arbeitsbelastung zeigen und das Selbstvertrauen der LP stärken, das erfordert aktives
und unvoreingenommenes Zuhören und den LP dabei helfen, eigene Wege der Entlastung zu finden (S. 110)
„Social isolation demands an establishment of a collaborative cul-
ture in order to keep sustain teaching and learning activities." (S.
110)
- **Erschaffung eines gesundheitsförderlichen Systems:**
- Nicht nur kurzfristige Maßnahmen, sondern ein gesundheitsförderliches System und institutionelles Engagement muss etabliert werden, inkl. finanzieller Investitionen (Lehr- und Hilfspersonal aufsto-
cken, digitale Infrastruktur, usw.) (BC Teachers' Federation, 2020,
S. 6f.; Jelińska & Paradowsi, 2021, S. 318)
- Es sollte zusätzliches Personal eingestellt werden, dass die SuS bei
der Einhaltung der Covid-19 Maßnahmen unterstützt (Steiner &
Woo, 2021, S. 17).

169

- Die Verantwortlichen/die Schulen sollten Daten über die jeweiligen Arbeitsbedingungen und das damit zusammenhängende Wohlbefinden ihrer LP sammeln (Steiner & Woo, 2021, S. 17f.). - Staats-, Bezirks- und Schulleitungen sollten an den jeweiligen individuellen Hintergrund ihrer LP denken z.B. könnten dunkelhäutige Menschen von anderen Problemen betroffen sein (Steiner & Woo, 2021, S. 18) - Zugang zur Kinderbetreuung muss gewährleistet werden (Steiner & Woo, 2021, S. 19). Zusätzliche Belastung, meist für Frauen (Steiner & Woo, 2021, S. 2) - Die Krise sollte genutzt werden um nachhaltige Verbesserungen einzuführen, die die Probleme und die soziale Ungleichheit beheben, damit sich auch das Wohlbefinden der LP verbessert (Mungroo, 2020) - Finanzierung der Bildungssysteme inkl. finanzieller und materieller Ressourcen (S. 1), Arbeitsplätze und Löhne müssen erhalten bleiben, auch für z.B. Zeitarbeiter*innen (International Task Force on Teachers for Education 2030, 2020, S. 1) - „öffentlich-private Partnerschaften nutzen, um die benötigte Technologie bereitzustellen" (International Task Force on Teachers for Education 2030, 2020, S. 2)
4. Gesundheitsförderung auf gesellschaftlicher Ebene: • **Erwartungen der Gesellschaft müssen sich ändern und der Druck auf das Bildungssystem muss abnehmen:** (Canadian Teachers' Federation, 2020, S. 20ff.) Diese Ebene wirkt übergeordnet ein. Interventionsansätze sollten sich auf die jeweilige Gesellschaft beziehen (z.B. Aufklärung über die Tätigkeiten und die hohe Verantwortung einer LP, um die Anerkennung zu steigern) oder die Medien (ordnungsgemäße Aufklärung über den Beruf), usw. • Eltern umfassend darüber informieren, was LP tun und was sie erleben (Chan et al., 2021, S. 540)
5. Schulungen, Fort- und Weiterbildungen der LP: • **Zur Thematik: Coping/Bewältigungsstrategien/-Kompetenzen:** - Ggf. auch online (Eryilmaz & Basal, 2021, S. 558) - (Klapproth et al., 2020, S. 451) • **Zur Thematik: Psychologische Unterstützung:** - (Eryilmaz & Basal, 2021, S. 558) - (Esici et al., 2021, S. 164) • **Zur Thematik: Traumabewältigung:** - z.B. bezüglich verstorbenen Angehörigen (Esici et al., 2021, S. 164) • **Zur Thematik: Online-Lehre:** - Frühere Unterrichtserfahrungen mit der Online-Lehre scheinen für eine reibungslosere und schnellere Anpassung an die neuen Umstände wichtig zu sein (Jelińska & Paradowsi, 2021, S. 314) - Krisenmanagement, Klassenraummanagement, Technologieeinsatz (Esici et al., 2021, S. 164; Chan et al., 2021, S. 540) - Für digitale Methoden und Lehre (Klapproth et al., 2020, S. 451; International Task Force on Teachers for Education 2030, 2021, S. 2)

- Eine Anpassung der Ausbildung von LP ist vor allem hinsichtlich der digitalen Veränderungen notwendig (Jelińska & Paradowsi, 2021, S. 318). Eine Möglichkeit wie LP auf die digitalen Herausforderungen gut vorbereitet werden können zeigt eine kalifornische Hochschule mit ihrem universitären Lehrerausbildungsprogramm (Quezada-Parker, Talbot & Quezada, 2020, S. 472-483). Eine Anpassung an die speziellen Rahmenbedingungen und Erfordernisse für die Pflegeschulen in Deutschland ist notwendig, dennoch könnte diese Quelle als Inspiration dienen.
- (Steiner & Woo, 2021, S. 19f.)
- **Zur Thematik: Gesundheitsförderung:**
- Virtuelle Workshops zur körperlichen Betätigung, zur Förderung der sozialen Kontakte (Hidalgo-Andrade et al, 2021, S. 941)
- Für die Achtsamkeitspraxis (Valtl, 2021, S. 187)
- **Für die SuS und Eltern bezüglich des Online-Unterrichtes (Chan et al., 2021, S. 540)**

6. **Persönliche Ressourcen und Schutzfaktoren:**
Die Anwendung von Bewältigungsstrategien und das gleichzeitige Streben nach Zielen steigert das subjektive Wohlbefinden der LP (Eryilmaz & Basal, 2020, S. 558)

- **Offenheit, Flexibilität und Anpassungsfähigkeit fördern durch: (Pate, 2020, S. 4f.):**
- **Mögliche Leitfragen:**
Bewältigungsstrategien in der Vergangenheit?
Welche lassen sich auf die neue Situation übertragen? (Pate, 2020, S. 2)
- **Salutogenetische Betrachtungsweise:**
Die persönliche Einschätzung einer belastenden Situation soll so verändert werden, sodass der Lehrberuf „erfolgreich, zufrieden und gesund auszuüben" ist (Wisniewski, 2020, S. 9)
- **Gelassenheit:**
- Keine zu harte Strenge, nicht zu penibel sein, Fehler zulassen und daraus lernen (Pate, 2020, S. 2; Sprung, 2021b, S. 7)
- **Zuversichtliche Haltung:**
- Das Positive sehen, optimistisch sein und sich darauf konzentrieren/sich darüber freuen, mehr Sinnerleben, Selbstfürsorge, Belohnungen für gelungene Tage/Tätigkeiten (Pate, 2020, S. 2f.)
- **Selbstwahrnehmung üben und steigern:**
- Sich der eigenen Gedanken und Gefühle bewusst sein und sie akzeptieren und das eigene Handeln dahingehend anzupassen (Pate, 2020, S. 2f.)
- Selbstreflexion (Fraundorfer, 2021, S. 21)
- **Lösungsorientiert, realistisch sein, ruhig und konzentriert vorgehen:** (Pate, 2020, S. 2f.; MacIntyre et al. 2020, S. 11; Eryilmaz & Basal, 2021, S. 551; Hidalgo-Andrade et al, 2021, S. 938)
- **Achtsamkeitspraxis/-übungen:**
- Pate, 2020, S. 2
- Die Achtsamkeitspraxis hat eine Vielzahl von positiven Effekten auf die psychische und physische Gesundheit z.B. Mindert psychische

und psychosomatische Beschwerden, z.B. Depression, Ängste, Drogenkonsum, Schlafprobleme und verbessert z.B. das Körperbewusstsein und die Selbstregulation. Insgesamt wird die Resilienz gegenüber Belastungen erhöht und negative gesundheitliche Folgen reduziert. Des Weiteren können sich positive Effekte auf das Arbeiten im Team (S. 181) und auf den Unterricht auswirken (S. 182). Ab Seite 183 werden praktische Anwendungstipps gegeben, z.B. die Durchführung von Atemmeditation, Body Scan, Gehmeditation, Metta-Meditation, Achtsames Yoga, Achtsames Essen, usw. Auch für Schulen und LP können solche Schulungen und Kurse angeboten werden (S. 187) (Valtl, 2021, S. 177ff)

- **Bei Überforderung:**
  - Kurz innehalten und durchatmen (Pate, 2020, S. 2)
- **Perspektivenwechsel:**
  - Den Sinn suchen und auch in negativen Aspekten das positive suchen (Pate, 2020, S. 4)
- **Dankbarkeit und Wertschätzung zeigen:**
  - z.B. mithilfe eines Tagebuchs (Pate, 2020, S. 4)
  - Hidalgo-Andrade et al, 2021, S. 938
- **Nach Humor und Freude suchen:**
  - Die Tätigkeiten ausüben, die einem Freunde bereiten und guttun (Pate, 2020, S. 4)
  - Lachen (Hidalgo-Andrade et al, 2021, S. 938)
- **Grenzen setzen und Bedürfnisse klar kommunizieren:**
  - sozial, privat, beruflich, Nein sagen (Pate, 2020, S. 4)
  - Abstand nehmen (Eryilmaz & Basal, 2021, S. 551)
  - Offen über Gefühle sprechen und sie auch rauslassen, z.B. weinen (Hidalgo-Andrade et al, 2021, S. 938)
- **Mitgefühl zeigen, aktiv zuhören, Verständnis zeigen, erkennen, dass jeder anders auf Stress reagiert** (Pate, 2020, S. 4, S. 6)
- **Kritischer und bewusster Medien- und Nachrichtenkonsum auf Fakten**
  - Auf zuverlässige Quellen konzentrieren, falls es einem nicht guttut, dann limitieren (Pate, 2020, S. 7)
  - Keine Nachrichten sehen (Hidalgo-Andrade et al, 2021, S. 938)
- **Schutzfaktoren:**
  - Selbstwirksamkeit (SE), Kontrollüberzeugung (LoC) = Die Fähigkeiten und Bemühungen einer Person werden als interne Ursachen für Erfolg oder Misserfolg angesehen, während Zufall, Schicksal, mächtige andere und Glück als externe Ursachen gelten (Truzoli et al., 2021, S. 942). Schutzfaktoren spielen eine wichtige Rolle bei der Verringerung der negativen psychologischen Folgen der Pandemie (S. 948).
    Eine hohe SE ist verbunden mit einem besseren psychischen Wohlbefinden und mit weniger Stress, Angst und Depression (Truzoli et al., 2021, S. 948).
    LP, die der Ansicht sind, sie könnten ihren Erfolg selbst beeinflussen (interne LoC) haben mehr Selbstvertrauen in ihre Fähigkeiten (Truzoli et al., 2021, S. 948).

Vertrauen/Selbstwirksamkeitserleben:
- In sich und die eigenen Fähigkeiten bezüglich des Fernunterrichtes führen zu einer besseren Bewältigung (Jelińska & Paradowsi, 2021, S. 318)
- Je kompetenter sie sich im Umgang mit digitalen Medien einschätzten, desto motivierter und zufriedener waren sie und empfanden weniger Stress (Dreer & Kracke, 2021, S. 56)
- „persönliches Kompetenzerleben" (Scharinger, 2020, S. 40)
- Selbstwirksamkeit entwickeln mithilfe sozialer Beziehungen und positiven Erfahrungen (Fraundorfer, 2021, S. 16)
- Selbstwirksamkeit (Scharinger & Gugglberger, 2021, S. 32)
  Zentrale Schutzfaktoren: Kohärenzsinn, Distanzierungsfähigkeit, Selbstwirksamkeitserwartungen, Achtsamkeitssteuerung (Wisniewski, 2020, S. 8f.)
  Schutzfaktoren, um die Resilienz zu erhöhen: Selbstwahrnehmung, -verantwortung, -fürsorge, -reflexion, -wertschätzung und -liebe, emotionale Balance und Optimismus, Lösungsorientierung, Lernbereitschaft, Kreativität, Akzeptanz (Poterpin, 2021, S. 155), weiterführend werden Übungen vorgestellt, die die Resilienz steigern sollen (S. 156ff.)
- **Engagement:**
- Die engagiertesten LP bewältigten den Übergang auf die Fernlehre am besten (Jelińska & Paradowsi, 2021, S. 314)
- Bereitschaft sich trotz Belastungen weiterentwickeln zu wollen (Fraundorfer, 2021, S. 16)
- **Produktive Ablenkung:**
- Aktivitäten, die z.B. im Zusammenhang mit der beruflichen Entwicklung zusammenhängen z.B. Unterricht vorbereiten, Themen recherchieren, usw. Diese hatten wohl einen positiven Einfluss auf das Wohlbefinden (Hidalgo-Andrade et al, 2021, S. 938 & S. 940)
- „Proaktive [r] Umgang" und Motivation (Dreer & Kracke, 2021, S. 55)
  Es selbst tun, anstatt auf Vorgaben oder Lösungsvorschläge seitens der Politik oder Verwaltung zu warten (Sprung, 2021b, S. 17)
- Die Kompetenzerweiterung bezüglich des Umgangs mit den digitalen Medien fand größtenteils durch selbstständiges Versuchen und Probieren statt (Dreer & Kracke, 2021, S. 54)
- **Selbst- und Zeitmanagement:**
- Sich zeitlich strukturieren, „Aufgaben zu priorisieren und effektiv zu arbeiten" (Scharinger, 2020, S. 40)

7.   Aktive, individuelle Gesunderhaltung:

- **Körperliche und geistige Aktivität:**
- Sport, Natur (Pate, 2020, S. 3 & 5f.; Kim et al., 2021, S. 16f. → positiver Einfluss auf die mentale Gesundheit und das Wohlergehen; Hidalgo-Andrade et al, 2021, S. 938 → zweithäufigste Strategie: Erhaltung und Verbesserung der körperlichen Gesundheit.)
- Entspannungsübungen und -methoden (Pate, 2020, S. 3 & 5f.; Truzoli et al., 2021, S. 947ff., Kim et al., 2021, S. 16f. → Meditations-Apps nutzen; Hidalgo-Andrade et al, 2021, S. 938 → Yoga, Meditation)

- Vorstellung von Yoga- und Atemübungen (Stürzebecher, 2021, S. 205ff.)
- **Glaube und Spiritualität:**
  - (Eryilmaz & Basal, 2021, S. 551)
  - (Hidalgo-Andrade et al, 2021, S. 938)
- **Individuelle Hobbys:**
  - Dritthäufigste Strategie: Stricken, Filme schauen, lesen, Musizieren (Hidalgo-Andrade et al, 2021, S. 938).Die Ergebnisse stehen auch im Einklang mit früherer Forschung, die zeigt, dass die Aufnahme und Aufrechterhaltung von Hobbys mit einer besseren psychischen Gesundheit und weniger Symptomen von Angst und Depressionen zusammenhängt. (S. 940)
- **„Entspannung und Regeneration"** sind entscheidend (Poterpin, 2021, S. 159)
- **Gesunde Ernährung** (Hidalgo-Andrade et al, 2021, S. 938)
- **Aufrechterhaltung der täglichen Routinen** (Hidalgo-Andrade et al, 2021, S. 938)

8.	**Professionelle Hilfe und Beratung:**

- Bei langanhaltenden und tiefergehenden negativen Emotionen (Hoffnungslosigkeit, Ängste, Depression, usw.) (Pate, 2020, S. 7)
- Auch oder vor allem bei Doppel- oder Mehrfachbelastung (Pate, 2020, S. 6)
- Behandlung durch einen Psychiater/Psychologen (Hidalgo-Andrade et al, 2021, S. 938)

9.	**Anwendung von speziellen gesundheitsfördernden Interventionen:**

Kranebitter & Schiestl, 2021, S. 119:
- **Möglichkeit einer Bestandsaufnahme:**
  Mithilfe des Inventars zur Erfassung von Gesundheitsressourcen im Lehrberuf (IEGL) nach Schaarschidt und Fischer. „Sie umfasst neben dem Engagement, der Widerstandskraft und dem Lebensgefühl auch das Erleben gesundheitlicher Beeinträchtigungen der Lehrer*innen sowie die Arbeitsverhältnisse an der Schule." (Kranebitter & Schiestl, 2021, S. 119). Weiterführend werden die Resultate mit dem gesamten Team erörtert. Gesundheitsförderliche Interventionen können abgeleitet werden. Für weiterführende Informationen kann die im Quellenverzeichnis aufgeführte Literatur von Schaarschmidt und Fischer (2013) begutachtet werden.

Matiz et al., 2020:
- 8-wöchiger Kurs in achtsamkeitsorientierter Meditation (MOM**):**
  Sowohl bei LP, mit einer anfänglich eingeschätzten geringen, als auch hohen Resilienz zeigten sich signifikante Verbesserungen bei Angst, Depression, affektiver Empathie, emotionaler Erschöpfung, psychologischem Wohlbefinden, interozeptivem Bewusstsein, Charaktereigenschaften und Achtsamkeitsniveau (Matiz et al., 2020, 9ff.)

Zadok-Gurman et al., 2021:
- Die **IBSR-Intervention als Blended Learning** verbesserte das subjektive und psychische Wohlbefinden deutlich signifikant im Vergleich zur Kontroll-gruppe, in der es sogar abnahm (S. 6). Zunahme an positiven Gefühlen und der Lebenszufriedenheit, Stärkte die Resilienz, die Achtsamkeit nahm zu (S. 7), weniger starke Zunahme an Erschöpfung (S. 8), keine Auswirkungen auf das Stressempfinden (S. 8) (Zadok-Gurman et al., 2021)

Ferren, 2021:
- **Die Implementierung von SEL – soziales und emotionales Lernen:**
  Collaborative for Academic, Social, and Emotional Learning „(CA-SEL) definiert soziales und emotionales Lernen (SEL) als:
  Der Prozess, durch den alle jungen Menschen und Erwachsenen Wissen, Fähigkeiten und Einstellungen erwerben und anwenden, um eine gesunde Identität zu entwickeln, mit Emotionen umzugehen und persönliche Ziele zu erreichen, Empathie für andere zu empfinden und zu zeigen, unterstützende Beziehungen aufzubauen und aufrechtzuerhalten und verantwortungsvolle und fürsorgliche Entscheidungen zu treffen" (aus dem Englischen übersetzt, S. 1)

- SEL hilft, die Stressoren des Lehrberufes zu managen und hilft den LP mit diesen umzugehen (S.1).
- Positiver Nutzen für LP, Schulgemeinschaften und SuS: Steigert das Wohlbefinden der LP und auch die soziale und emotionale Entwicklung der SuS, wenn es von LP unterrichtet wird, die selbst darin geschult sind (S.5).
- Schulleitungen mit SEL-Fähigkeiten, die diese auch innerhalb der Schule anwenden, haben ein besseres Schul- und Arbeitsklima vorzuweisen. Positiver Effekt auf die Effektivität der LP (S. 5).
- Die SEL-Unterstützung für LP: senkt das Stressniveau, verringert die Fluktuation, verbessert die Mitarbeiter*innenbeteiligung, erhöht die Fähigkeit ein gutes emotionales und soziales Vorbild für die SuS zu sein (S.5).

  Vorschläge für die Umsetzung (S.6):
- Auf der Gebäude- und Schulebene: Das Schulpersonal sollte in alle aktuellen Diskussionen und Pläne miteinbezogen werden, um Ängste und Unsicherheiten zu verringern und ggf. offene Fragen klären zu können
- Die LP sollten befragt werden, welche SEL-Unterstützungen sie hilfreich und sinnvoll finden
- Diese SEL-Maßnahmen sollten durchgeführt und anschließend evaluiert werden, ob sie sich positiv auf die psychische Gesundheit auswirken
- Die Schulen sollten Zeit in die Personalentwicklung und -fortbildung investieren (z.B. Mitarbeiter*innenversammlungen)
- Ggf. sollten externe Hilfen in Anspruch genommen werden
- Schulleitungen sollten mit involviert werden

- Mentorenprogramme für Gleichaltrige sollten unterstützt werden seitens der Schulen, damit von LP Unterstützungsnetzwerke innerhalb der Schule aufgebaut werden können
- Für LP sollten Selbstfürsorge und Wellness-Programme angeboten werden (→ Innerbetriebliche Gesundheitsförderung vom Arbeitgeber, z.B. Vergünstigungen für Sport- und Wellnesseinrichtungen, Sportprogramme, usw.)
- Ressourcen sollten zur Verfügung gestellt werden, damit LP ihre Selbstfürsorge und ihr Wohlbefinden einschätzen können
- Beratung vor Ort in den Schulen
- „Toolkits" für LP erstellen: Methoden/Interventionsansätze für das Wohlbefinden, die Selbstführsorge und die Gesundheit → Einzelne oder gemeinsame Erarbeitung von Ansätzen passend für die jeweilige Schule und ihren individuellen Möglichkeiten, Verschriftlichung, Aushängung in der Schule
- Letztendlich sollte ein Schul- und Arbeitsklima mit entsprechenden Normen und Werten erschaffen werden, die die emotionalen und sozialen Bedürfnisse der Mitarbeiter zufriedenstellt: „Charta der emotionalen Intelligenz" → Auch diese können verschriftlicht und ausgehängt werden
  „Schließlich sollten die Bezirke Mittel aus dem amerikanischen Rettungsplan verwenden, um Entlassungen zu verhindern, die Lehrergehälter zu erhöhen und zusätzliches Hilfspersonal einzustellen. Dies wird dazu beitragen, den Stress der Lehrkräfte zu verringern und ihre Arbeitsbelastung zu verringern."
- Damit sich die Schulen mit ihren LP und das Bildungssystem von der Pandemie erholen können, muss in die LP (finanziell) investiert werden

Kim et al., 2021:
Drei berufliche Ressourcen trugen positiv zu ihrem MHWB bei und federten die Belastungen ab:
Soziale Unterstützung: Kontakt zu anderen (Privat, Kollegium, SuS), /Freundschaften im Kollegium aufbauen/über alles reden/Unterstützung von zuhause (S. 14f.) → **stärkste positive Einfluss!**
Arbeitsautonomie: Das Gefühl flexibel zu sein (individuelle Pausengestaltung, z.B. nach draußen gehen, Spazieren gehen; von zuhause aus Arbeiten) und die Kontrolle über die Arbeit und die Situation zu haben (eigener Entscheidungsspielraum) (S. 15f.)
Bewältigungsstrategien: Sport, Heimwerken, Nutzung Meditations-Apps, Pause machen (S. 16f.), (S. 7f.; Tabelle 1, S. 27)

Vorschläge der Forschenden: Gewährleistung einer kooperativen und beratenden Kommunikation zwischen Regierung und der Bildungseinrichtung, um die soziale Unterstützung zu gewährleisten könnten Mentorenschaften ggf. von außerhalb der eigenen Schule eingerichtet werden (gegenseitige Ermutigung und Unterstützung) (S. 20)

Chan et al., 2021:
Alle drei Arbeitsressourcen zeigten signifikante und positive Zusammenhänge mit der Arbeitszufriedenheit (Autonomie des Lehrers: $\alpha = .14$, $p < .05$; Verbundenheit mit der Schule: $\alpha = .34$, $p < .001$; Wirksamkeit des Lehrers

(eigene Kompetenzen): α = .16, p < .05). Darüber hinaus war die Verbundenheit mit der Schule negativ mit emotionaler Erschöpfung verbunden (α = -.15, p < .05). (S. 539)

Rollenambiguität tritt auf, wenn Lehrkräfte über ihre beruflichen Erwartungen und deren Erfüllung im Unklaren sind (Informationsmangel, Unvorhersehbarkeit) (S. 536): negativer Zusammenhang mit der Arbeitszufriedenheit, aber nicht mit der Erschöpfung (S. 539)

Aufgabenstress: Jeglicher Stress, der bei der Ausführung bestimmter berufsbezogener Aufgaben auftritt (Überstunden, Einhaltung von Standards) (S. 536): positiven Zusammenhang mit emotionaler Erschöpfung, aber nicht mit der Arbeitszufriedenheit (S. 539)

. Siehe gesonderte Tabelle 10. Bewältigungsstrategien nach dem COPE-Instrument nach Carver et al. (Anhang K)

- **Klapproth et al., 2020**

- **MacIntyre et al., 2020**

- **Shen & Slater, 2021**

- **Abas, 2021**

Vermeidungsstrategien/Negative Bewältigungsstrategien:
Verleugnung der Stressoren, Anwendung von verdrängenden Strategien, um von der Stresssituation abzulenken (Abas, 2021, S. 2; MacIntyre et al., 2020, S. 3; Eryilmaz & Basal, 2021, S. 551)
- Abas, 2021, S. 11f.
- Hidalgo-Andrade et al, 2021, S. 938
- Klapproth et al., 2020, S. 447 (mentale oder verhaltensbezogene Abkopplung, Alkohol- oder Drogenkonsum, sich der aktiven Auseinandersetzung mit der Situation widersetzen oder nicht aus der Situation lernen)

Ebenfalls mögliche Unterscheidung: Klapproth et al., 2020, S. 447:
Funktionale/aktive, zurückhaltende, aber funktionale Strategien oder dysfunktionale Strategien

Annäherungsstrategien:
Akzeptieren das Vorhandensein von Stressoren im Leben eines Menschen: Akzeptanz der neuen Herausforderungen der Pandemie (z.B. Online Unterricht, usw.) (Abas, 2021, S. 2)

Besonderheiten:

Sokal et al., 2020:

Mit der Erschöpfung korrelierten am stärksten signifikant positiv: Unterstützung durch Kolleg*innen, Partner*in/Familie, Freunde, Einweisung in die Technik/Technologie, Schlaf, Beratung/Therapie.

Einzige signifikante negative Korrelation: Unterstützung von Administratoren (Sokal et al., 2020, S. 71)

→Widerstrebt bisherigen Forschungsergebnissen - Erklärungsversuch der Forscher*innen (S. 72): Eine Kausalität kann nicht ermittelt werden, außerdem können zusätzliche persönliche Beziehungen, die Teilnahme an Beratungsgesprächen, Einweisung in die Technik/Technologie, usw. als zusätzliche Stressoren wahrgenommen werden, alternativ könnten LP, die sehr erschöpft sind diese als besonders wichtig wahrnehmen und gezielt und vermehrt nach diesen Ressourcen suchen und sie auch anwenden.

Anhang K - Bewältigungsstrategien nach dem COPE-Instrument nach Carver et al.

(Diese Literaturquellen wurden als 10. Aspekt der Gesundheitsförderung identifiziert)

Klapproth et al., 2020	MacIntyre et al., 2020	Shen & Slater, 2021	Abas, 2021
S. 447: Funktionale/aktive Bewältigungsstrategien (z. B. die Konzentration der Bemühungen darauf, etwas gegen die Situation zu unternehmen), die Unterdrückung konkurrierender Aktivitäten (z. B. Konzentration auf die Bewältigung des Problems) Zurückhaltende, aber funktionale Bewältigung (z. B. sich zwingen, auf den richtigen Zeitpunkt zu warten, um etwas zu tun), Planung (z. B. Überlegung, wie man am besten mit der Situation umgeht) und Suche nach sozialer Unterstützung von z. B. Freunden oder Verwandten) Dysfunktionale Bewältigungsstrategien	Die Korrelationen zeigen, dass positive psychologische Ergebnisse (Wohlbefinden, Gesundheit, Glück, Resilienz und Wachstum während des Traumas) positiv mit der Annäherungsbewältigung und negativ mit der Vermeidungsbewältigung korrelierten. (S.1) Vermeidungsstrategien Vermeidungsstrategien tendieren zu eher dysfunktionalen Reaktionen wie Verleugnung, Ablenkung oder Substanzkonsum (S. 3) Vermeidendes Coping hingegen korrelierte durchweg (rs zwischen 0,42 und 0,54) nur mit den negativen Ergebnissen (Stress, Angst, Ärger,	Häufigste Bewältigungsstrategie: Ablenkungsverhalten (S. 87) Die meisten setzten positive Strategien ein: Emotionale Unterstützung, aktive Bewältigung, Planung, positives Reframing (Situation aus unterschiedlichen Perspektiven betrachten), Übungen, Zeitmanagement, Akzeptanz → Stress reduzieren, Gesundheit und Wohlbefinden schützen (S. 83, 89). Vor allem Akademiker*innen neigen wohl eher dazu positive Strategien anzuwenden □ weiterer Forschungsbedarf (S.90).	Unterscheidung zwischen Annäherungs- und Vermeidungsstrategien: Annäherungsstrategien: Akzeptieren das Vorhandensein von Stressoren im Leben eines Menschen: Akzeptanz der neuen Herausforderungen der Pandemie (z.B. Online Unterricht, usw.) (S. 2) Vermeidungsstrategien: Verleugnung der Stressoren, Anwendung von verdrängenden Strategien, um von der Stresssituation abzulenken (Beschäftigung, Fernsehen, usw.) (S. 3) Im Gegensatz zu den Vermeidungsstrategien wurden Annäherungsstrategien häufiger verwendet (S. 9f. + Vergleiche Tabelle 6 +

179

proaktive und bewusste Bewältigung zu vermeiden und sich der Verantwortung für die Bewältigung der neuen Situation zu entziehen: Verleugnung (z. B. so tun, als ob Situation nie passiert wäre), Ablassen von Emotionen (z. B. sich aufregen und Emotionen herauslassen), mentale Abkopplung (z. B. fernsehen, um weniger darüber nachzudenken), verhaltensbezogene Abkopplung (z. B. Aufgeben, um Ziele zu erreichen), und alkohol- oder drogenbedingtes Disengagement (um weniger darüber nachzudenken), Umkehrung der positiven Umdeutung der Situation (z. B. nicht aus der Situation zu lernen), das Gegenteil von Akzeptanz (z. B. nicht zu lernen, mit der Situation zu leben) Siehe S. 449, Tabelle 2: **Es wurden mehr funktionale als dysfunktionale Bewältigungsstrategien angewandt.**	Traurigkeit und Einsamkeit (S.1) Vermeidungsbewältigung nahm mit zunehmendem Stress zu (S. 1) **Die am häufigsten angewandte Bewältigungsstrategie war Akzeptanz, gefolgt von Vorausplanung, Umstrukturierung der Situation und Bewältigung durch Arbeit oder andere Aktivitäten. = Annäherungsstrategien (S. 7)** **Zu den am wenigsten häufig verwendeten Bewältigungsstrategien gehörten Rückzug, Drogenmissbrauch und Verleugnung, die alle als Vermeidungsstrategien gelten (S. 7)** -LP, die häufiger Vermeidungsbewältigungsstrategien anwenden, haben auch ein progressiv höheres Niveau an wahrgenommenem Stress, Ärger, Traurigkeit, Einsamkeit	Weniger verwendete negative Strategien: Alkoholkonsum, Substanzmissbrauch, Rauchen und ungesunde Ernährung (S. 83, 89) (Die Autoren verweisen darauf, dass Alkoholkonsum als Bewältigungsverhalten für Stresssituationen von 82 % der Professoren an einer privaten Universität in Spanien (Rußoto et al., 2017) aufgeführt wurden) (S. 89) Instrumentelle Unterstützung und Religion wurden kaum genannt (S. 87). Beruflicher Stress hat einen signifikanten Einfluss auf die psychische Gesundheit und das emotionale Wohlbefinden (S. 91). **Bewältigungsstrategien wurden in dieser Studie nicht signifikant mit der psychischen Gesundheit von Akademikern in Verbindung gebracht (S. 90)** **Positives Reframing und akzeptierende Bewältigungsstile**	7 mit den Mittelwerten und ihren Standardabweichungen) Verbale Interpretation „Oft/häufig" im Gegensatz zu „Nie/wenig" (Tabellen): Annäherungsstrategien: Höchste Mittelwerte: „Die Pandemie als Realität akzeptieren", „etwas Gutes aus der Situation ziehen", „Ich habe Maßnahmen ergriffen, um die Situation zu verbessern" Weitere Strategien: „Ich habe mich darauf konzentriert etwas gegen die Situation zu tun, in der ich mich befinde", „Emotionale Unterstützung von anderen", „Hilfe und Ratschläge von anderen", „Versuchen es aus einem anderen Blickwinkel zu betrachten, um es positiver zu betrachten", „Strategien überlegen, was nun getan werden muss", „Trost und Verständnis bekommen", „Versuchen Ratschläge und Hilfe von anderen darüber zu bekommen, was passiert ist", „lernen damit zu leben", „viel darüber nachdenken, welche Schritte nun zu tun sind" (S. 10, Tabelle 6)

Je mehr Stress erlebt wurde, desto mehr Bewältigungsstrategien wurden angewandt, um die Situation zu meistern.

Positive Korrelation zwischen funktionalen/dysfunktionalen Strategien und dem Stresserleben

→Keine Kausalität, bzw. die Richtung der Kausalität ist nicht geklärt

Die Wahl der Strategie hing vom jeweiligen Stressor ab:

Funktional: Positiven Zusammenhang mit der von den LP wahrgenommenen geringen Motivation der Eltern, der Erfahrung eines geringen Organisationsgrads der Schule

Dysfunktional: Positiver Zusammenhang zwischen der wahrgenommenen hohen Arbeitsbelastung der SuS, der wahrgenommenen geringen digitalen Kompetenz, dem eigenen und dem geringen Organisationsgrad der Schule

---

und Angst (S. 8) (Kausale Abfolge unklar)

Vermeidungsstrategien bringen nur kurzzeitig Entlastung und auf Dauer gefährden sie eher die Gesundheit indem sie mehr Stress und Angst erzeugen und nicht zur Problemlösung beitragen. Boyes hat bereits 2013 neun Ratschläge erstellt, um die Anwendung von Vermeidungsstrategien zu reduzieren oder sogar zu vermeiden. Die ausführlichen Informationen darüber sind der Literaturquelle des Literaturverzeichnisses zu entnehmen.

Boyes, A. (05.05.2013). Avoidance Coping. Avoidance coping plays an important role in common psychological problems. https://www.psychologytoday.com/us/blog/in-practice/201305/avoidance-coping [16.12.2021]

---

beeinflussten das emotionale Wohlbefinden (S. 90) → Korrelation, nicht zwingend Kausalität, bzw. die Richtung der Kausalität ist unklar (S. 90)

Vorschlag: Die Universität soll die LP weiterhin mit glaubensstärkenden und moralisch aufbauenden Aktivitäten unterstützen: Workshops zum Bewältigungsmanagement (S. 10), Beratungsgespräche (S. 16)

Vermeidungsstrategien: Höchste Mittelwerte: „Der Arbeit oder anderen Aktivitäten zugewandt, um mich abzulenken", „Etwas anderes tun, um weniger daran zu denken, z.B. im Internet surfen, TV sehen, lesen, Tagträumen, Schlafen, Shoppen", „Negative Gefühle ausdrücken" (S. 11)

Weitere Strategien: „es nicht wahrhaben wollen", „Medikamente nehmen, um sich besser zu fühlen oder um das durchzustehen", „Es aufgeben (zu versuchen), damit umzugehen", „sich weigern zu glauben, dass es passiert", „Dinge gesagt, um unangenehme Gefühle herauszulassen", „sich selbst kritisieren", „andere Menschen oder Ländern die Schuld dafür geben, was passiert" (S. 11f., Tabelle 7)

- Je länger sie im Home-Office arbeiteten, desto eher wandten sie funktionale Bewältigungsstrategien an - Frauen wendeten häufiger funktionale Bewältigungsstrategien als Männer an, waren insgesamt aber auch gestresster (ggf. Mehrfachbelastung Zuhause → Einschränkung: ggf. Geschlechterspezifisch - Das Geschlecht spielte keine Rolle bei den dysfunktionalen Bewältigungsstrategien		**Ergebnis:** Regressionsanalyse: **Kein signifikanter Einfluss der Bewältigungsstrategien auf das Stressniveau der Befragten** (p = 0,103) (S. 15, Tabelle 11) Frauen fühlten sich insgesamt belasteter und gestresster als Männer (S. 16), (Klapproth et al., 2020) Differenzierung: **Signifikanter Einfluss der Bewältigungsstrategien auf das Stressniveau bei alleinstehenden Frauen zwischen 25 – 35 Jahren** (S. 16f., Tabelle 14)

Anhang L - Einfache Konzeptmatrix in Anlehnung an Webster & Watson (2002)

Konzepte: Aspekte der Gesundheits-förderung Literatur-quellen	1	2	3	4	5	6	7	8	9	10
Klapproth et al., 2020	x				x					x
Dreer & Kra-cke, 2021	x	x	x			x				
Ferren, 2021									x	
Pate, 2020	x	x				x	x	x		
Eryilmaz & Basal, 2021					x	x	x			
Esici et al., 2021	x	x	x		x					
MacIntyre et al., 2020						x				x
Jelińska & Paradowski, 2021	x		x		x	x				
Canadian Teachers' Federation, 2020		x	x	x						
Kwatubana & Molaodi, 2021			x							

Shen & Slater, 2021										x
Scharinger, 2020		x				x				
Wisniewski, 2020						x				
NCoC (National Center of Competence), 2021: -Fraundorfer - Scharinger & Gugglberger -Gerick -Schuch - Kranebitter & Schiestl - Poterpin - Valtl -Stürzebecher	x	x	x		x	x	x		x	
Sprung, 2021b	x		x			x				
Hidalgo-Andrade et al., 2021		x			x	x	x	x		
Abas, 2021						x				x
Kim et al., 2021		x	x				x			
Chan et al., 2021		x	x	x	x					
Steiner & Woo, 2021	x		x		x					
Truzoli et al., 2021	x	x				x	x			

184

Zadok-Gurman et al., 2021									x	
BC Teachers' Federation, 2020		x	x							
Sokal et al., 2020			x							
Mungroo, 2020	x	x	x							
Matiz et al. (2020)									x	
International Task Force on Teachers for Education 2030, 2020		x	x		x					
Kumpikaitė-Valiūnienė et al, 2021			x							
Auswertung: Anzahl der Nennungen	10	13	15	2	9	12	6	2	4	4

Die Reihe „Pädagogische Praxisimpulse" richtet sich an AutorInnen, die aus der Praxis und für die Praxis niedrigschwellig ihre Erkenntnisse und Forschungsarbeiten darstellen und einer Leserschaft zur Verfügung stellen wollen. Für die LeserInnen soll damit die Möglichkeit geschaffen werden komplexe und theoretische Sachverhalte nachvollziehbar und für ihre Praxis anschlussfähig aufbereitet vorzufinden. Idealerweise beinhalten die Beiträge immer auch konkrete Umsetzungsvorschläge und Anwendungsbeispiele.